禪の智慧經典

在不安定的年代迷惘之際，

且守住那份淡定、活在當下！

禪趣經典故事集

熊述隆 著

前言

古老的東方禪宗體系，支脈紛紜，源遠流長，可謂幾十代禪中英傑，以十幾個世紀漫長歲月所精心構築的龐大精神世界。因此有「禪深似海」之說。名其為「海」，確也浩翰深邃，令人歎為觀止。然而，禪又並非虛無縹緲，玄不可測；它就伴隨在我們身邊，充溢於日常生活之中，即所謂「平常人之道」，只須「治心返本」、「觀心見性」，禪便是人人皆能領悟和擁有的「自家寶藏」。

因此，在東方民族的潛意識中，禪堪稱根深柢固，綿延至今，不斷對人們的思想、觀念產生深刻的影響，乃至成為中國文化寶庫中不可忽略的一大特殊遺產。

面對這宗遺產，確令人深感它的豐富多彩與博大精深，充滿著耐人尋味的宗教光輝和人生智慧；即便以現代人的眼光看來，也依然洋溢著雋永的情致與不衰的魅力。也因此，數千年來，禪宗典籍林林總總，汗牛充棟，並且始終有著它廣大的讀者層面與讀者群落。

本書便是從數以千計的禪宗典故、公案、語錄中，精選出五百餘篇有典型意義的作品，分門別類，輯為九大部分，以供有興趣的讀者欣賞、研讀。

需要說明的是，為考慮對禪有初步興趣而尚未精深者的需要，本書所編選之禪典，均在每則之後附有簡短的點評文字，即所謂「品曰」。此種「品曰」，或從各類禪宗典籍、理論中提煉而出，或係編著者本人研讀之餘的一時感悟，隨筆寫下，因此未必準確、精當，僅供參考而已。更何況「不立文字」、「拈花微笑」、「以心傳心」歷來是禪宗遵奉的要旨之一。故以此觀「品曰」，本身便有畫蛇添足之嫌，讀者大可不必受其束縛，否則便有悖於禪道之本旨了。

菩提非樹，大道無門；漸悟頓悟，皆憑自性。全書計三十餘萬言，倘其中有某些文字能對讀者的精神世界發生有益的作用，本書也就算是有它的價值了。編著者的本心本願，亦在於此。

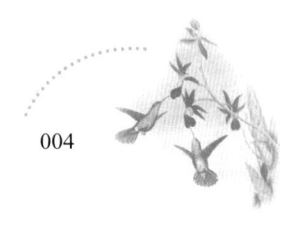

目錄

第三部　觀心見性

目錄 Contents

第五部　自家寶藏

目錄 Contents

第七部 冷暖自知

第八部　大道無門

第九部　十牛圖

第一部　直心是道

大千世界，花紅柳綠；歲月時光，平淡無奇。
當我們從九天雲霞般玄妙的理義中解脫出來，
以平凡之心落足於實實在在的大地，
「禪」的大門便向我們打開，「道」原來就在足下。
漸悟、頓悟，皆由此而生。

天上天下　唯我獨尊——葛藤集

釋迦牟尼出世時，右手指天，左手指地，周行七步，開口說道：「天上天下，唯我獨尊。」當然，實際情形不過是一個小嬰兒眼睛滴溜溜地轉了轉，「哇」地哭喊了一聲而已，而禪者卻把這一聲哭喊看成「天上天下，唯我獨尊」。於是「我」成為解決一切問題的關鍵。所謂「禪的經驗」，就是一種自覺，是「沒有自己，則一切都是自己」的自覺。所以「獨尊」的「我」是與天地一體、萬物同根，平等自由的我。

【品曰】

參佛至難，也至易。佛道即究明自我之道。能夠參透這個「獨尊」的真正內涵，人人皆佛。

平常心是道——無門關十九

趙州和尚問南泉和尚：「道是什麼？」

南泉答道：「平常心是道。」
趙州又問：「那麼把平常心作為修煉的目標可以嗎？」
南泉回答：「不可！那樣反而更偏離真道。」
趙州又問：「如果不起心修心，怎麼能知道那就是道。」
南泉的解釋是：「道不屬於知或者不知的範圍。知是妄覺，不知只是虛無而已。如果真正達到不疑這一步，你就會領悟到心像太空一樣，洞澈明朗，無遮無礙，這時還有什麼是非可言呢？」
趙州聞言頓悟。

【品曰】

「平常心是道」是最能說明中國禪宗本質的一句話，類語有「即心即佛」、「煩惱即菩提」、「心心不異」等，讓人從不同的角度去體悟。

近禪——五燈會元

成都縣令范某聽說圓悟克勤禪師回到成都，住在昭覺寺，於是前去禮拜，並請圓悟禪師指示入道門徑。

圓悟禪師要他去參馬祖所說的：「不是心，不是佛，不是物，那到底是個什麼？」這個公案。

范某參了很久，一無所得，哭著對圓悟禪師說：「老和尚還是教我一個更為方便的路子，讓我懂得禪，好嗎？」

圓悟禪師說：「我這裡正好有一個簡便的，你只須去想：它是什麼，也不是什麼？」

范縣令終於開悟了，說：「禪原來與我半點也不隔，是這麼地近呵！」

【品目】

禪，說遠亦遠，說近亦近。

以其為「玄」者，如遙隔萬里；知其為「平常」者，則近在心中！

古佛過去久——從容錄

一僧問南陽的慧忠國師：「永世不滅的佛法是什麼？」

國師對他說：「你去把那邊的水瓶替我取來。」

和尚照他的吩咐拿來了水瓶。國師又說：「再搬回原來的地方去吧！」和尚又把水瓶放回了原處。放好水瓶，和尚又提出剛才的問題。國師這時說了一句：「什麼永世不滅的佛法，這種古董早已不知到哪裡去了！」

玄沙和尚與韋將軍一起吃果子。

將軍問：「佛語云：『日用而不知。』講的是什麼道理？」

和尚拿起果子，給將軍：「你請食用吧！」

將軍把果子吃了，又問剛才提出的問題。這時和尚說：「就是這個，就是這個。所謂『日用而不知』，就是這個。明白了嗎？」

【品目】

佛法妙義只是最普通平常的「自然而然」。品嘗食物之時，搬動水瓶之際，便體現了這一真諦。故古佛早已「過去」，古佛又始終「常在」。

世界與古鏡——五燈會元

雪峰義存禪師對僧眾說：「你們知道嗎，認識和認識的對象是平行的，契合的。世界如果是方圓一尺，那麼古鏡——我們的認識也是方圓一尺。如果世界是方圓一丈，我們的認識也是方圓一丈。」

他的學生玄沙師備指著火爐子問：「這個又有多大呢？」

雪峰說：「和古鏡（認識）一樣大小。」

【品日】

古鏡映照世界。

萬事萬物皆恰如其分地容納於「古鏡」之中。

今日明日——景德傳燈錄

有一僧人問演教禪師：「什麼是祖師西來的旨意？」

演教禪師回答：「今日明日。」

【品日】

今日明日，何其平常！「平常」即禪也。

不悟者，多說無益；領會者，日日在道中。

至道無難 唯嫌揀擇——碧岩錄（碧岩錄即碧巖錄）二

趙州和尚垂示眾弟子道：「禪的真理不難究得，唯忌生分別心。不過，我這樣用言語表達，也是一種揀擇、分別，因為語言文字就是揀擇。不予揀擇，反而心下自明，心無分別。至於我，既不在揀擇心中，也不在明白之中。請你們各位善自護持你們的無是非、無分別之心。」

這時有一僧人問：「老師既已不在明白之中，還要我們護持它幹什麼？」

趙州說：「我也不知道。」

僧又問：「老師自己都不清楚，為什麼卻跟我們說不在明白裡呢？」

趙州說：「因為有人問起，所以不能不說。好了，說法已畢。」

【品日】

「至道無難，唯嫌揀擇。」是因為追求至道大禪，處處是路。

我們原本就生活在道中，行在路中。

什麼是道——五燈會元

陳尊宿問一位老秀才：「你這位前輩在研究哪部經呢？」

老秀才說：「我專門研究《易經》。」

陳尊宿說：「《易經》說：『百姓日用而不知。』你且說說看，百姓不知的是個什麼呢？」

老秀才說：「百姓不知道的是天地運行的大道。」

陳尊宿問：「這個大道到底是怎麼回事？」

老秀才無言以對。

【品目】

生活本身就是道。

老秀才「不識廬山真面目，只緣身在此山中。」

時寒，途中為善——五燈會元

靈訓初次參見歸宗禪師，問：「怎樣是佛？」

歸宗說：「我對你說，你可信嗎？」

靈訓說：「和尚真誠教導，怎敢不相信？」

歸宗說：「你就是。」

靈訓問：「怎樣保持下去呢？」

歸宗回答：「一粒翳障在眼裡，虛幻的花兒紛紛落。」

靈訓辭別的時候，歸宗問：「往哪兒去？」

靈訓答：「回嶺中去。」

歸宗說：「你在這裡多年了，整理好了行李再來，為你說一次佛法。」

靈訓收拾完畢，到堂上去。歸宗說：「走近些，有話對你說。」

靈訓走上前去。歸宗說：「記著，天氣寒冷，路上保重！」

靈訓一聽這話，將以前的教義、知解都頓時忘卻了。

【品日】

道非玄義，愈普通平常，則愈近禪道。

靈訓忘卻以前的教義、知解，正是進入省悟境界的開始。

饑來吃飯，睏來即眠——景德傳燈錄

有源律師問四禪師：「和尚您修道可用功嗎？」

慧海禪師答：「用功。」

律師問：「如何用功？」

禪師答：「餓了就吃飯，睏了就睡覺。」

律師說：「一切人都是這樣，都和您一樣用功嗎？」

禪師說：「不同。」

問：「為何不同？」

禪師回答：「有些人該吃飯時不肯吃，該睡覺時不肯睡，千方百計，苦苦求索，所以不同。」

律師無話可說。

【品目】

平常、自然、適性，亦即禪道也。

觀音入理之門——五燈會元

有一次，百丈禪師帶領僧眾們在山上的田地裡勞動。中午時分，寺廟裡的鼓敲響了，因百丈禪師沒有叫收工，所以僧眾都仍舊繼續勞動。但其中一個和尚剛一聽到鼓聲，立即扛起鋤頭，大聲笑著跑回了寺廟。

百丈禪師看著他，稱讚說：「真了不起呵！這就是佛法中『觀音入理』的法門啊！」

百丈禪師回去之後，問那個和尚道：「你今天到底見到了什麼道理，怎麼會有這樣的舉動？」

那個和尚說：「沒有什麼道理；我因為早上沒有吃飯，聽到了收工吃飯的鼓聲，所以跑回來吃飯。」

百丈禪師聽了，呵呵大笑。

【品日】

禪是最普通、最「現實」的，衣食住行，率性自然，均蘊禪道。

洗鉢去——無門關七

有位僧人對趙州說：「我初入禪林，請老師指點我。」

趙州便問道：「你吃粥了嗎？」

僧人答道：「吃了。」

趙州說：「那麼，你洗鉢去吧！」

【品日】

「洗鉢去」乃「平常心是道」的具體化。

即勿迷於「道」的解釋、含義，只要身體力行、自然而然地修心，便接近禪道了。

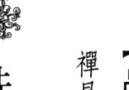

且吃飯——五燈會元

有一天吃飯的時候，道幽禪師進入食堂，擊槌告示：「有話對大家說！」
眾僧抬起頭聽著。
禪師卻說：「吃飯吧！」

【品日】
「吃飯」亦在禪道中。
常人往往忽略於此，故道幽禪師「擊槌」示機。

二虎侍者——景德傳燈錄

有一天，觀察使裴休來訪，問：「老師有侍者嗎？」
善覺禪師回答：「有一兩個。」
裴休問：「在哪兒？」

禪師就叫喚：「大空！小空！」

這時有兩隻老虎從庵後出來。裴休一看，又驚又怕。

禪師對兩隻老虎說：「有客人在，暫且退去。」二虎哮叫著離去了。

裴休問：「老師做過什麼善事，能得到這樣的果報？」

禪師靜默了一會，問：「領會嗎？」

裴休答：「不領會。」

禪師說：「山僧常念觀音。」

【品目】

在禪光的籠罩之下，人有佛性，物有佛性，一切皆有佛性，虎亦然！

隨處安閒——五燈會元

華嚴道隆禪師最初在曹洞宗石門慧徹禪師（北宋人）那裡學禪。

他問石門禪師：「古人說，如果一個人能把自己的心放得安寧閒逸，就自然而然地與大道結合了。雖然有這樣的話，但它是不是真理？是否這樣做就對了呢？請老師為我解釋一下吧！」

石門禪師說：「懂得了這個道理，才可以隨處安寧平和。如像一個生活在城市中的人，見到、聽到種種千奇百怪的事情，都不會大驚小怪。不知道這個道理，也可以安寧平和。但像生活在農村鄉間，心境本很平靜，可一看到或聽到一丁點事情，就會大驚小怪地到處傳說。」

道隆聽到這裡，心中忽然有所領悟。

【品曰】

「平常心是道。」

時時如行舟於風浪之中，而一切視若無睹，便能處變不驚，心神安泰。

大俗大雅——碧岩錄

懶贊和尚長年隱居在衡山石窟裡。唐朝德宗皇室慕其高名，派敕使一名，召和尚入京。敕使行至石窟，口中言道：「聖旨駕到。和尚請起立，謝恩接旨。」

懶贊和尚正扒開火堆，一心找烤山芋充饑，哪顧什麼王法聖旨。

西方也有一位哲人，名底格涅斯（戴奥真尼斯）。當亞歷山大王問他：「請問哲聖，你需要點什麼？」大概亞歷山大想賜給他金銀財寶、美女香車、高堂樓閣吧！而底格涅斯卻說：「我正在曬太陽，請別擋住我的陽光！」

【品曰】

現實中的「至尊至貴」，在禪者的眼裡不屑一顧，它們遠比不上一顆「烤山芋」和日常的「陽光」。對超凡者而言，大俗即是大雅！

體露金風——碧岩錄廿七

有一位修行者問雲門和尚：「葉落樹枯之際，如何修禪？」

此問十分高明。

枝枯葉落的禪意為：煩惱生死的枝芽已經枯萎了，菩提涅盤的葉片也隕落於地。到了這種「身心脫落」的妙境時，禪僧又如何更進一步？

雲門和尚的回答是：「體露金風。」

這一回答也體現了雲門宗高雅簡潔、不凡不俗的宗風。

體露金風是指枝殘葉落的樹木本體在秋風中顯露出來，蕭條的秋風吹拂著一切脫盡的裸樹之意。

對此，雪竇頌道：「問既有宗，答亦問處。三句當辯，一鏃透空。大野涼風颯颯，長天疏雨濛濛。君不見少林本坐未歸客，靜依熊耳一叢叢。」

大意為：問得巧，答得妙，好比那鏃箭透空。秋落熊耳峰頭，卻不見祖師達摩歸來。只有那壯闊的自然；無垠的曠野中，蕭蕭涼風起，無際的蒼穹下，濛濛細雨織就一幅飄渺迷濛的妙境。

祖師安睡了，而他的真意仍長存在秋風秋雨之中。

【品目】

願我們的生命之樹，亦融於大自然的浩浩時空之中。

急水上打球——碧岩錄八十

有一位僧人問趙州和尚：「初生的幼嬰也具有六識嗎？」

趙州答：「急水上打球。」

僧人後來轉問投子和尚：「趙州說『急水上打球』，到底是什麼意思？」

投子答道：「念一念，流逝不息。」

其含義是：江面看起來很平靜，好像沒有流逝的跡象，可是在那深深的底層，洪流奔湧；不僅如此，你只要把球抛入水中，球一瞬間就會隨流而去。

這就是「靜中有動」。

人也是一樣，達人外表看起來很愚魯，似一潭止水，其實心底急流奔湧。

【品日】

這一「佛之上」的境界，即「大智若愚」。

在生命的源頭，真理之水在深深的河床上奔湧不息。

鎮州出大蘿蔔頭——碧岩錄二十

有一位僧人問趙州和尚：「據說老師曾親隨南泉禪師，繼承了他的大法，請問這是真的嗎？」

趙州是南泉的法嗣、繼承人，這是天下皆知的事實，僧人為什麼明知故問呢？想必是想以此一試趙州的功底。

在這種場合下，若是臨濟和尚，肯定會像對待定上座一樣，當胸抓住他，打一頓之後再推開。然而，趙州和尚的禪風並非如此，他深信「平常心是道」，所以答道：「鎮州出大蘿蔔頭。」

鎮州在今河北正定地區，屬趙州和尚所在的趙州市所統轄。

【品曰】

從極平常的話語中，我們聽見了趙州和尚深深的弦外禪意：我在此，老衲正是從南泉而出，是此地最不可缺少的活命之寶。

寢殿無人——五燈會元

有個和尚問夾山禪師：「怎樣才能達到沉寂——涅盤這種最高的境界呢？處於這種境界之後，又該做些什麼呢？」

夾山禪師回答：「如同高大堂皇的臥室裡沒有人一樣。」

【品目】

涅盤的境界是「無人」（亦「無我」）的境界；總是考慮如何「進入」這種境界，是反而「進入」不了的。

明明無悟法——五燈會元

夾山禪師曾告誡眾僧說：「萬事萬物都明明白白原在那裡，用不著找個『悟法』去認識它們。不知道這點，去另外找一個悟法來認識萬事萬物，反而會把人迷惑了。所以面對這個問題，不如伸長雙腿去睡大覺，何必計較什麼真與假呢？」

【品目】

生活本身充滿著大「道」，輕輕鬆鬆、自自然然地去感受、體驗吧！不要「執著」，不要「迷」。「執迷不悟」不正是這個理嗎？故「無悟」之法，便是「真悟」之法！

庵前一片石——五燈會元

雪峰義存禪師到投子大同禪師的禪庵裡參學之時，投子指著庵前的一塊小石片說：「過去、現在、未來這三世的一切佛，都在這片石頭裡說法。」

雪峰說：「未必見得！也許許多佛並沒有在這片石頭裡，而在別處說法哩！」

【品曰】

「佛」無處不在，時時、處處、事事都蘊含著「道」的真諦。但僅看到「在這裡」，還只能說單是悟到了一層境界。

父母在深草裡——五燈會元

有個和尚問石室善道禪師：「你曾去過五台山嗎？」

石室禪師說：「去過。」

那個和尚又問：「那麼你見到文殊菩薩了沒有？」

石室回答說：「見到了。」

那個和尚很興奮，忙問：「那麼文殊菩薩向你說了一些什麼高妙的佛法？」

石室禪師說：「文殊說：你的生身父母現在都埋在墳裡，上面長滿了雜草。」

【品曰】

禪從不追求深奧、高妙、玄祕。「平常」即是「大道」！

月缺月圓——五燈會元

石室善道禪師與仰山慧寂禪師夜裡一起賞月。

仰山問石室：「如果月亮彎了，缺了，那麼圓圓的月亮到哪裡去了呢？月亮圓時，那麼彎月、缺月又到哪裡去了？」

石室禪師說：「月亮圓的時候，那彎的、缺的形象仍然隱隱存在；月亮彎時、缺時，那圓的形象也同樣隱隱存在。」

【品目】

月境為禪境，無所謂「圓缺」——「圓」中有「缺」，「缺」中有「圓」。

臨河渴死——五燈會元

雪峰義存禪師曾對眾僧說：「你們天天學佛、參禪，可要記住有的人坐在滿滿的大飯籮邊也會餓死，有的人在清流潺潺的河邊趕路也會渴死——這絕不是笑話啊！」

【品目】

我們時時處處於大「道」之中，有的人卻一無所知，甚至反「道」而行；我們天天沉浸於生活裡，有的人卻被生活攪得焦頭爛額，甚至「白活」了一生，不正是這麼一回事嗎？

獮猴古鏡——五燈會元

雪峰義存禪師有一次和弟子出行時，在路上遇見了一群猴子。

雪峰禪師說：「你們不要認為這是些畜生，牠們每個背上都背著一面古鏡——都是有靈性的。你看，牠們搶吃廟田裡的稻穀是多麼能幹呵！」

有個和尚說：「這些畜生沒有人的智慧，有史以來就是畜生，師父為什麼說牠們都有古鏡——佛的智慧呢？」

雪峰說：「這麼說，你的那面古鏡上已布滿了灰塵。」

這個和尚說：「您老著什麼急，答非所問，連我的話都沒有弄清楚呢！」

雪峰禪師說：「對不起！算我錯了，好嗎？」

【品曰】

萬物皆有「佛性」，佛性有「我」，「知」與「迷」，旁人都無法「介入」——這個和尚的「古鏡」蒙有灰塵，只有讓他自己去揩拭了。

知是這般事——五燈會元

楊岐方會禪師跟隨石霜楚圓慈明禪師許多年了，但一直沒有開悟。

有一天，楚圓禪師剛出門就下起雨了。楊岐計算楚圓禪師來回的小路，並在路上等他。當楚圓過來時，楊岐抓住他說：「你這個老頭子，今天必須把禪的奧祕告訴我，不然，我今天橫了心，要狠狠打你一頓。」

楚圓禪師說：「你知道就是這麼回事。到此為止，不要再多想了。」

話還沒有說完，楊岐已豁然大悟。

【品曰】

「就是這麼回事」，真把天地間萬事萬物的一切都說透了。只不過，在「這麼回事」中，我們何去何從，這大主意還須自己參。

雞鳴犬吠——五燈會元

有一僧人問大善禪師：「什麼是佛法的主要意旨？」

大善禪師回答說：「春天裡的雞叫。」

僧人說：「弟子不懂。」

禪師又說：「中秋時節的狗吠。」

【品曰】在業已省悟的禪師眼裡，世間一切皆蘊含著深機。春日雞鳴、中秋犬吠，無不體現佛法大意。

逢場作戲——佛果語錄

克勤禪師登上禪座之後說道：「火，並不等到出太陽才熱；風，也不等到出月亮才涼。鶴腿本來就長，野鴨腿本來就短。松樹直，荊棘曲；天鵝白，烏鴉黑。椿椿件件都露著，如果能夠領會到處可作主人，每逢機緣，都是禪旨。好比江湖藝人，隨身帶著竹木道具，逢場便可作戲。有這樣的人嗎？有這樣的人嗎？」

【品曰】萬物皆含禪旨，時時、事事、處處皆可參悟。只是，「逢場作戲」的「江湖藝人」並不常見。

誰家樹不春——五燈會元

一位在俗人士問歸仁禪師：「俗家人可以領會佛法嗎？」

歸仁禪師回答：「哪一座台上沒有月光？誰家的樹木不逢春天？」

【品曰】

佛光普照，佛性處處在。

五件大事——五燈會元

大慧宗杲禪師要開善道謙到長沙去送一封信。道謙心裡想：「我參了二十年的禪，至今沒有個頭緒，這次走那麼遠的路，看來又要荒廢了。」於是不願去。

他的朋友宗元和尚責備他，並對他說：「你在路上不是一樣可以參禪麼？我陪你一塊去吧！」

道謙不得已，只好去送信。

在路上，這位朋友對他說：「你一定要把古往今來的祖師們參禪、悟禪的故事，包括圓悟老和尚講的，大慧師父講的，等等等等，都丟開不想。一路上我能代你做的事，我全部幫你做完，你不用操心，好好用心參禪。但只有五種事情我幫不了你，需要你自己去做。」

道謙問：「是五件什麼事呢？」

宗元說：「第一是穿衣，第二是吃飯，第三是屙屎，第四是拉尿，第五是路上你得自己把你的身體帶著走，這五件必須你自己去做，我可幫不了忙。」

道歉聞言，終於大悟，不自覺地歡喜得手舞足蹈。

【品日】

「我」是如此玄妙，又如此平常。「五件大事」已包容了「我」的一切。說到底，誰也替代不了誰。最深奧的真義，總是蘊含在最樸實的事理中。

吃茶去——五燈會元

從諗禪師問新到的僧人：「以前到過這裡嗎？」

僧人回答：「到過。」
禪師說：「吃茶去。」
又問另一個僧人，回答是：「不曾到過。」
禪師說：「吃茶去。」
事後院主問禪師：「為什麼到過也說吃茶去，不曾到過也說吃茶去？」
禪師喚道：「院主！」
院主趕忙應答。
禪師說：「吃茶去。」

【品曰】

茶是普通茶，道是平常心。
不知能從「茶」中品出「禪」味否？

指示心要——五燈會元

一天，龍潭問道悟禪師：「讀到你門下參修已有好些時日了，還望指示心要。」

道悟說：「自從你來之後，我何嘗沒有為你指示心要呢！」
龍潭說：「哪裡指示過呢？」
道悟禪師說：「你端茶來，我便喝；你送飯來，我便吃；你參拜時，我便回禮。不是處處在指示心要嗎？」
龍潭低著頭，思考了許久。
道悟說：「若能見道的話，當下就能見道。否則，一思考便有了偏差。」
龍潭頓有所悟，又問：「如何保持禪的精神？」
道悟說：「任性逍遙，保持凡心，此外沒別的什麼了。」

【品日】
道是生活；禪是「無修之修」。

指天指地——景德傳燈錄

有一僧人前來參拜道欽禪師，說：「弟子初入禪寺，請師父賜教。」
道欽禪師答道：「一手指天，一手指地。」

【品曰】

相傳釋迦牟尼剛剛誕生，就一手指天，一手指地，謂：「天上天下，唯我獨尊。」禪師以此回答初學道者，意在啓發其發現自我。

叉頸示機——五燈會元

五台山上的祕魔岩和尚經常手拿一根木叉，一看見有僧人來禮拜，就叉住他的頭頸說：「哪個魔鬼教你出家的？哪個魔鬼教你行腳的？答出了死在叉下，答不出也死在叉下。快說，快說！」

學徒很少有能夠應對的。

【品曰】

直心是道，伸長脖子讓他「叉」便是了。

雲在青天水在瓶——五燈會元

李翺在湖南鼎州作刺史時，多次邀請藥山禪師見面，但藥山禪師總是不來。於是李翺便親自去拜訪藥山。

然而藥山禪師見李翺來了，卻只是顧自閱讀佛經，並不理會李翺。

李翺的性格較急躁，不耐煩地說：「見了面才知道從前向我介紹的情況是誇大其詞。」說完抽身便走。

這時藥山禪師說：「太守大人，你何必看重耳朵而瞧不起眼睛呢？」

李翺一驚，馬上回頭道歉，並虛心請教，說：「請問師父，什麼是大道呢？」

藥山並不回答，只是用手指天上、地面，並問李翺：「你懂了嗎？」

李翺說：「我一點也不懂。」

藥山禪師說：「雲在青天水在瓶。」

李翺靜心捉摸了一番，終有所悟，感到既欣慰又滿意，並寫下了一首偈子：「煉得身形似鶴形，千株松下兩函經。我來問道無餘說，雲在青天水在瓶。」

【品曰】

雲可以在天空中自由自在，也可以化作水，裝在瓶子裡寧靜不動。形態不同，源本合一。所以萬事萬物，任何聽見的、看見的、感受的、理會的，都沒有高低輕重之分，我們只要平等地加以體認，便把握了大道的真諦。

我大悟也——五燈會元

五台山智通禪師最初在歸宗智常禪師那裡參學。

有一天晚上，他在僧堂裡忽然大喊大叫地說：「我大徹大悟了。」把僧堂裡睡得正香的和尚們嚇了一大跳——以為他瘋了。

第二天，歸宗禪師上堂，把所有僧人都集合起來。

歸宗禪師說：「昨天晚上大叫大悟的和尚站出來。」

智通於是走了出來。

歸宗禪師問他：「你昨天到底悟出了什麼道理，且說說看。」

智通說：「尼姑都是由女人當的嘛！」

歸宗對他的回答很是驚歎：確實與眾不同呵！

【品曰】

最深刻、最真實的，也是最普通、最明白的。

「平常心」即是禪道。

灰裡有火——五燈會元

溈山靈佑禪師是百丈懷海的弟子。嚴冬的一天，溈山伺候百丈禪師烤火時，百丈說：「你看爐子中有火沒有？」

溈山用火箸子撥了一會兒，說：「爐灰裡的木炭已經熄滅，沒有火了。」

百丈禪師接過火箸，自己在爐子裡深深撥著，終於找到一星火種。他夾起來給溈山看，並說：「你說沒有了，這是什麼？」

溈山由此開悟。

【品曰】

「踏破鐵鞋無覓處」，「功到自然成」。生活中處處有禪，處處有不滅的「火星」，只要你真心又細心地去覓求，便會終於有所獲而頓開悟境。

從何處著手——古今公案

趙州和尚與首座同遊趙州石橋。他問首座：「這橋是誰建的？」

「是李庸設計建造的。」首座回答。

「是從何處著手建造的？」

首座無言以對。

趙州又說：「平時你總談起石橋如何如何，問你時卻連著手處都不知道。」

「何處」是公案的關鍵之處。這是佛教空間觀念的問題。何處就是這裡，一切都是從這裡開始著手。

【品曰】

禪道佛法的原點在於「現在、這裡、自己」。離此，佛法即無，禪道也將不存在。

微風吹幽松

寒山詩

「微風輕輕掠過枝葉繁密、濃蔭匝地的老松，越走近去諦聽，越覺得那松濤聲叫人入迷。」這句話的「近聽」二字富有禪的韻味。

那麼，這個「近聽」是怎樣的聽法呢？一般來說，人們往往從把主觀與客觀相割裂的對立立場去聽，主觀是聽松的人，客觀是被聽之物。禪者則不然，他們認為主客體是統一的，主體應該努力站在客觀的角度去理解對方乃至化為對方。這一過程是「無心」的自然過程。無心去聽，松聲便正是自己，是「自他不二」。

【品日】

這是最接「近」的傾聽方式。所以禪中講：「松事問松，菊事聽菊。」你最好化為松，化為菊。

南方也有這個嗎——碧岩錄

無著和尚年輕時，在五台山上與文殊菩薩一道對坐論禪。文殊菩薩沏給無著一杯香茗。茶杯是極為精緻華貴的玻璃器皿。

文殊問：「南方也有這個嗎？」

無著回答：「無！」

文殊又問：「那麼，南方人用什麼喝茶？」

無著心知文殊並不只是問茶杯的事，便一時語塞，內心極不安定。既然如此，他也就無心飲食，便慌忙辭去了。

出門後，無著問童子：「你師父剛才說：『前面有三人三人，後面也有三人三人。』到底是多少人？」

童子直呼：「和尚！」

無著應了一聲：「諾。」

童子說：「你答的到底是幾聲？」

無著當即心有所悟。

【品目】

一即三，一即天地，一即禪心！

萬法歸一，一歸何處——碧岩錄

有一位僧人問趙州和尚：「一切存在都歸於一，一歸於何處？」

趙州答道：「我在故鄉山東青州時，做了一件麻衣，重約七斤。」

形形色色的存在，都統一在一個空間，萬歸於一（多即一）；可是整體又是個體，自己不存在時，一切都是自己（一即多）。

【品目】

對於「萬法歸一，一歸何處？」佛門的回答理當「一歸萬法」。可趙州拋開玄妙的理論，只答「一件麻衣七斤」，化深奧為樸素，於樸素中見深奧，這就是禪。

百花春至為誰開——碧岩錄

雪峰和尚對眾弟子說：「把整個地球掂量一下，也不過一粒粟米大。扔到眼前，也看不出無法。速速打鼓聚眾，一齊來看個究竟。」

雪竇對此寫道：：「牛頭才沒馬面回，曹溪鏡裡絕塵埃。打鼓來看君不見，百花春至為誰開。」其意為，整個地球，像可怕的牛頭鬼，才剛剛隱去，又冒出了一粒粟，它像恐怖的馬面鬼一樣。人們為多種現象、觀念所糾纏，究其實在，禪中根本沒有什麼牛頭馬面之類的塵埃，也沒有大地球小粟米之類的分別。就算打起寺鼓把你們聚到一起，你們也看不到這一層。

【品曰】

春天來臨，百花為誰而開？是為了告訴我們：一砂一世界，一花一天堂。

白雲為蓋，流泉作琴——碧岩錄

盤山和尚問眾弟子：「這個世界裡什麼都沒有，你們到哪裡去求心呢？」即所謂「三界無法，何處求心？」

三界即欲界、色界、無色界，指我們凡人居住的世界。法即存在的意思。對此，雪竇和尚作一偈頌：「三界無法，何處求心。白雲為蓋，流泉作琴。一曲兩曲人不會，雨過夜塘秋水深。」

【品日】

所謂三界無法，意即三界都是「無之法」，這無正是我們的心。當我們俯仰之際，何等暢快！正如仰看白雲悠悠，俯視流水潺潺，有誰聽得懂這無弦琴奏出的妙樂？

俱胝悟道——碧岩錄十九

俱胝和尚剛出家時，住在一間草庵內修行。有一天，有一個名叫實際的女尼來拜訪他。女尼進到庵內，也不取下斗笠，仍然手持禪杖，繞俱胝的禪床走了三圈。

實際對俱胝說：「你若說得出一句，我就摘下斗笠。」

實際提問了三次，俱胝還是無法作答。

實際說：「既然回答不出來，我就告辭了！」

俱胝見狀忙說：「天也快黑了，妳就在庵內將就一晚吧！」

實際又說：「如果你能再說出一句，我就住下。」

俱胝又無言以對，實際便起身離去了。

俱胝悲歎不已：「我空有男人的身形，卻沒有大丈夫的氣概，連個女尼都比不上，還有什麼臉面在此獨自修行呢？」於是他決定窮盡禪義，發憤努力，雲遊四方。

正要下山遊方時，偶遇高僧天龍和尚。俱胝趕忙出迎，並把前因後果訴說了一番，請天龍大師開示。天龍豎起了一根指頭。

俱胝見之，忽然醒悟。

從此之後，俱胝每逢有人問法便豎起一指：以指說法，終其一生。

雪竇對此評述道：「俱胝豎起一指，應對如流，光揚宗旨，實際高妙。」

【品目】

禪者認為，萬殊一本，一本萬殊，千差萬別的天下萬物都來自同一個本源，所以一指在禪師眼中是一切真理，其中奧祕無窮，包羅萬象。

無不是藥——碧岩錄八十七

文殊菩薩有一次令善財童子去採藥草，並吩咐童子：「採一點不可作藥的藥草來。」善財奉命，諸方探訪，就是找不到一根不可作藥的藥草。有些毒草，看樣子是不可作藥的，可是一查驗，發現毒草也有藥效，任何草都有藥性。於是善財回來稟報說：「沒有不可當作藥的藥草。」

文殊說：「那你就採根可成藥的草木來吧！」善財當即摘下一枝草獻給文殊。

文殊手執一枝草，向眾人開示道：「這枝草既可奪人命，又可活人命。」

【品目】

「整個大地都是藥」、「煩惱即菩提」，無明與煩惱既可以滅殺人，也可以救活人，既可以使人迷亂，也可使心開悟。

前三三，後三三——碧岩錄卅五

有一天，無著和尚在五台山遇見了文殊菩薩。
文殊問道：「你從哪裡來？」
無著道：「從南方。」
文殊又問：「南方的佛法施行如何？」
無著道：「多為末法的比丘，謹守戒律的甚少。」
「到底有多少？」
「大約是三百號到五百號人吧！」
至此，無著反問道：「這種情況如何？」
文殊答道：「凡聖同居、龍蛇混雜。」
無著再問：「到底有多少？」
文殊答道：「前有三人三人，後有三人三人。」

【品曰】

無著所言的佛法是指小乘的比丘戒；文殊所言是大乘的菩薩戒，「凡聖同居、龍蛇混雜」就是戒定慧，這個世界是一個由芸芸眾生所組成的充滿佛法的世界。

佛性本無南北——六祖壇經

六祖慧能第一次參訪五祖弘忍時，五祖問他：「你是何方人氏？到這裡來求什麼？」

慧能說：「弟子是嶺南新州的百姓。遠道而來，別無他求，唯求成佛。」

五祖又道：「你既然是蠻人，怎麼能夠成佛呢？」

慧能回答道：「人有南北之分，佛性難道也有南北之別不成!?南方的蠻人雖然與北方的文化大師們有所不同，但佛性是沒有絲毫差別的。」

五祖對他的慧根表示讚許。

【品曰】

「一切眾生，皆有佛性。」這正是大乘佛教的信仰，亦是禪者立身的根基。

哪個不是精底——正法眼藏

盤山和尚在街上看到有人正在買野豬肉。客人對肉店老闆說：「請切最上等的肉一斤！」只見老闆放下割肉刀，雙手抱在胸前，大大咧咧地回問：「那你老兄說說哪個地方的肉不是上等的？」

盤山當時正為善與惡的道德問題而苦惱，聽到屠夫這句問話，頓然有所解悟。他想，哪有什麼惡人，難道有什麼人本來沒有佛性嗎？這是盤山對超越善惡對立、平等如一的宗教世界最清醒的認識之開始。

【品曰】

肉店裡可以悟道，看人買肉時可以悟道，只要細細體會，任何地方都是最好的地方，一切時間都是最好的時間。

第二部 治心返本

世間煩惱，猶如雜草叢生。
擺脫它，無視它，一切便如雲煙般消散。
世界清淨了，澄明了，而在清淨、澄明之中，一個爽爽朗朗、無掛無礙的「我」便與這世界和諧地融為一體。

天曉雞鳴——景德傳燈錄

有一僧人問月輪禪師：「如何修行，才能看見本來面目？」月輪禪師回答：「不需要懸掛石鏡，天一亮自然雞鳴。」

【品曰】

「見本來面目」喻指明心見性；懸石鏡喻指求佛的虛妄、徒勞行（石鏡本不存在，自然無法使用）；「天曉自然雞鳴」意即一旦曉悟，自能見性成佛。

本來面目——碧岩錄

五祖弘忍不再說法了。

一打聽，原來他已把衣缽傳給了慧能。

把如此神聖的東西給了一個「俗人」，弘忍手下的僧徒們都極為不滿；當中有一位明上座，更是憤慨至極，馬上出寺去追趕慧能，在大庾嶺攔住了慧能的去路。

慧能見狀，便把衣缽（即袈裟和托缽）放在一塊石頭上，對明上座說：「衣缽代表正義，不可力爭。你要力取的話，就拿去好了。」

明上座想拿起衣缽，可是衣缽卻紋絲不動。

明上座驚出一身冷汗，忙賠罪道：「我是為求法而來的，絕不是為了衣缽。請您向我指示一二。」

這時，六祖便對他說：「既不思善，又不思惡，這種時候，你的本來面目是什麼？」

明上座當即大悟。

【品日】

悟透自身的本來面目，才能真正坦對眾生，坦對天地，亦是入禪悟道的基點。

許多面目——五燈會元

有個僧人問洪荐禪師：「什麼是本來面目？」

洪荐禪師就閉上眼睛，吐吐舌頭，又張開眼睛，吐吐舌頭。

僧人問：「本來有這麼多面目嗎？」

禪師反問：「剛才看見了什麼？」

僧人無言應對。

【品目】

「本來面目」即指本心，非肉眼所見。僧人看見「許多面目」，有何可談。

心生法生，心滅法滅——大乘起信論

過去，在京都南禪寺前，有一位綽號「哭婆」的老婆婆，下雨時哭，天晴時也哭，常常哭個不停。

南禪寺的和尚便問她：「老婆婆，妳為什麼哭呢？」

老婆婆邊哭邊說：「老修行，你有所不知。我有兩個女兒，大女兒嫁給了賣鞋的，二女兒嫁給了賣傘的。天晴的日子，我就想到小女兒的傘一定賣不出去；下雨天，我就想到大女兒，雨天哪會有顧客上門呢？思前想後，怎不叫我傷心落淚！」

和尚勸她：「老婆婆，妳不用哭！下雨也好，天晴也好，我們都應該感謝佛，好好地過日子。天晴時，妳應該想到大女兒的鞋店生意興隆；雨天時，妳應該想到小女兒的傘一定賣得很好。」

老婆婆當即破涕開顏。從此，這位「哭婆」整天都樂呵呵的，日子過得很和滿。

【品曰】

心生則萬物萬法生，心滅則萬物萬法滅。成佛、成魔一念間，皆由心起。

未歸客，思故鄉——五燈會元

仁勇禪師上堂說：「松濤陣陣秋風涼，未歸之客思故鄉。究竟誰是未歸之客？哪裡是故鄉？」

禪師沉默片刻，說：「長連床上，有粥有飯。」

【品曰】

「本心」是禪客最終回歸的「故鄉」。

柏樹與我——五燈會元

有一位僧侶問趙州和尚：「禪的真理是什麼？」

趙州回答：「是庭前的柏樹。」

僧人說：「趙州老師，請你不要拿客觀的事物來說明。」

趙州說：「我並沒有以境示人哪！」

禪者認為，真正的創造是「無」的創造：我看到大梅山時就創造了大梅山；我說柏樹時就創造了柏樹。在此，凡是認為大梅山在我之前早已存在，禪是一派胡言的看法均淺陋至極。

【品曰】

「我開始時世界就開始，世界開始之時我就開始。」

這就是禪的觀點，是人境不二、物我合一的境界。

門上但書門字——文益語錄

曾有一位老禪僧，在門上寫「心」字，在窗上寫「心」字，在壁上寫「心」字。

文益禪師說：「門上就寫『門』字，窗上就寫『窗』字，壁上就寫『壁』字好了。」

【品日】

處處寫「心」，過於執迷，反失自「心」。

順其自然，倒可見真「心」。

無心打無心——五燈會元

有個官人指著木魚問洪諲禪師：「這是什麼？」

洪諲禪師回答：「驚醒多少瞌睡人。」

官人說：「幸虧來到這裡！」

禪師說：「無心（人）敲打無心（物）。」

【品曰】

木魚中空謂之無「心」；人之無「心」謂無妄念。

「無心打無心」，才可真入「空」門。

了心之旨——五燈會元

劉侍御大人拜訪仰山慧寂禪師時問：「了心——掃除妄念，明心見性的道理，老師可以告訴我嗎？」

仰山說：「若要了心——掃除妄念，明心見性，那必須沒有心時才了得了——沒有妄念可除，沒有心可明，沒有性可見。能對萬事萬物有不了了之的境界，才是真正掃除了妄念，真正明心見性。」

【品曰】

「心」可以容納萬事萬物，也可以一片「澄空」。

後者乃真正的「了心」，亦即禪所追求的境界。

出門便是草——五燈會元

有位僧人向石霜慶諸禪師介紹了洞山良价禪師的一句話：「你們怎樣才能達到行一萬里都找不到一棵草那樣的境界呢？」

石霜禪師說：「出門便是草，何必走一萬里呢？」

這位僧人又把石霜禪師的話轉告了洞山。洞山禪師說：「這是可以作為一千五百人大叢林的導師之語啊！」

【品曰】

寸草，喻人的妄念、煩惱。雖然「出門便是草」，但能視「有草」為「無草」，便已入禪的境界，何必去苦行「萬里」？故「生草」與「滅草」，只在自身「心界」的是否寧靜淡泊！

文殊普賢——五燈會元

洞山守初禪師是雲門文偃禪師的著名弟子之一。一次，有位僧人問他：「您老的修行已經這麼高深了，如果碰到了文殊、普賢這兩位大菩薩向您請教，您該如何辦？」洞山守初禪師說：「那我會把他們當作水牯牛一樣，趕到牛圈裡去。」

【品曰】

希求佛菩薩，同樣屬於妄念、妄想；對它應如牧牛一樣，牢牢「看住」。

南看北斗——五燈會元

有一位僧人問慧清禪師：「什麼是自身、自心？」慧清禪師答道：「望南看北斗。」

【品曰】

自身、自心，只有經過自驗、自覺才能徹悟。

慧清要僧人在從南轉頭北視之中，體悟自身與自心。

「回頭即是」，正是自性的返觀。

天雨不淋一人——碧岩錄

有位老禪師問眾僧：「古代有個偈子說：『綿綿陰雨兩人行，天雨不淋一人。』你們能說出其中的道理嗎？」

一僧曰：「其中一人穿了簑衣，另一人沒穿。」

另有一僧則說：「下的是局部性陣雨，所以一人挨淋，一人不淋。」

還有一僧說是：「因為一人走在路當中，一人走在屋檐下。」

你議我論，沒有什麼結果。

老禪師最後說：「你們眾人都執著於『不淋一人』的表面文字，如同被『葛藤』纏住，當然無法發現真相。其實，『不淋一人』，不就是說兩人都淋濕了嗎？」

【品日】

「一悟」不通時，「再悟」常可即通。世人往往執著於「一悟」，反而癡迷了——這種束縛我們思維的「葛藤」實在很多的，只是我們常常在「一悟」的自得之中，不覺得它的存在罷了。

打破桶底，天地一輪——碧岩錄

臨濟和尚曾說過：「過去我沒有開悟時，只覺得周圍漆黑一團，像禁錮在桶中一樣。」於是後人把解脫了迷妄、豁然醒悟稱之為「打破桶底」。

如大尼俗名千代野，她曾在松見寺留住過。為了盡綿薄之力，她總是去幫忙打水。一日提水，桶底忽然脫落，水濺了一地。她由此忽然了悟，並作投機禪偈一首：「千代提水桶底漏，水不留來月不留。」她從這天起就真正打破桶底，體驗到了「本來無一物」的心境。

後來盤圭和尚也有如下歌偈：「古桶底漏，天地一輪。」——桶底漏了掉了，只留下一個空圈，天地就在其中了。

【品曰】

看來，「豁然貫通」的「通」字真是大有妙意，那便是「打破桶底」。於是我們都應捫心自問：我們的「桶底」在哪裡？你能打「通」它嗎？

鏡清今日失利——傳燈錄

一次，有一僧到鏡清和尚處參禪，他立即豎起拂子。

新來的和尚說：「久聞鏡清高名，故特來拜訪，難道你就只有這一手嗎？」

鏡清和尚平靜地答道：「在你面前，我今天失敗了。」

又有一次，鏡清問荷玉和尚：「你從哪裡來？」

「天台山。」

「誰叫你去天台山的？」

「老師，你虎頭蛇尾！」

鏡清淡淡一笑：「我今日失利了。」

還有一次，鏡清在默讀經書時，有一僧問他：「老師，你讀的是什麼經？」

「我在弄古人戲百草。你懂得怎麼玩嗎？」

「那件東西我小時候就玩過了。」

「現在怎麼樣？」

只見那僧舉起了拳頭。

鏡清淡淡地說了一句：「我輸給你了。」

這類事情，鏡清有一種習慣，一旦小有挫折，便自己聲明：「輸了，敗了。」很耐人尋味。

【品曰】

俗語說：「不風流處也風流。」又言：「哀兵必勝。」亦即退卻一步，天寬地廣，這裡面隱含著無比鋒利的禪機。

放下——從容錄

岩陽尊者問趙州和尚：「我拋棄一切，兩手空空，心裡坦蕩蕩地來到這裡，我悟到了禪嗎？」

趙州說：「那麼，把你心裡緊緊抱著的東西放下吧！」

岩陽又問：「我說連一物都沒有，究竟要『放下』什麼？」

趙州揶揄道：「你看，你還『帶著』呢！」

【品目】

不執著於一物，同時亦不執著於一「念」，如此才是真正「放下」，也才是禪者的真「悟」！

不知最親切——碧岩錄

法眼禪師（八八五～九五八）初參長慶，不得解悟。於是開始雲遊四方。一日逢雨，寄宿地藏院。

地藏和尚（八六七～九二八）見法眼欲行，便問道：「上座要到哪裡去？」

「行腳去。」

「行腳去做什麼？」

「不知道。」

地藏說：「不知道與至道最為親近、貼切。」

法眼當下即有所悟。

【品曰】

一切都無掛礙，渾然不覺，便與透徹的禪境合為一體。

未審這個壞不壞——碧岩錄廿九

有一僧問大隋和尚：「世界末日之時，毀滅的大火熊熊燃燒，大千世界都難免劫運；不知道那時『這個』會不會毀滅？」

大隋回答說：「會毀滅的。」

「那就是說同世界一起毀滅囉？」

「是的，是同世界一起毀滅。」

【品曰】

「這個」，在禪門裡指的是自己的本性，亦即佛性。假如大千世界都毀滅了，「皮之不存，毛將焉附。」佛性的存在也就沒有意義了。

丹霞燒木佛——葛藤集

丹霞禪師有一次行至洛陽惠林寺，因天氣很冷，就在寺內佛殿裡燒木佛取暖。

院主見後，大發雷霆：「你怎麼敢燒佛像呢？」

丹霞若無其事地答道：「我想看看佛像能不能燒出舍利子。」

院主驚愕道：「木佛怎能燒出舍利子呢？」

丹霞答道：「既然燒不出舍利子，那把兩脇侍的木像也拿來燒好了！」

燒佛的丹霞事後平安如常。

【品曰】

道人無心，即為無過。無心的道人何過之有？只要依本性率真行事，便是行佛道。

說食豈能飽人——五燈會元

北宋黃龍悟新禪師青年時遊方到了隆興府黃龍寺，拜見了黃龍晦堂祖心禪師（黃龍慧南禪師的大弟子）。他雖在晦堂禪師那裡參學多年，但免不了「學問僧」的習作與派頭，老是愛在口頭上與人辯論，而對禪的真實境界，卻沒有什麼觸及。

晦堂祖心禪師很為他擔心。有一次，悟新與晦堂祖心禪師論道，正講得眉飛色舞的時候，晦堂禪師說：「算了，你不要再說了！要吃飽肚子，那不是在嘴上『說食』就能吃飽的。」

悟新很窘蹙，對晦堂禪師說：「我的理解就是這個程度——弓折箭盡了。還望老和尚慈悲，給我指出那個安樂處——真正的禪境吧！」

晦堂禪師說：「精神中還有那麼一點點不純淨的地方，就如眼睛裡有一粒灰塵或芥子一樣，使你上不見天，下不見地。而禪的境界，正是忌諱你胸中那些太多的知識——這樣反而只見知識而見不到禪了。所以，必須讓你無始以來一直在思維的那個心，連同它的內容一併死去，讓它好好空一空，這樣才可能見到禪。」

悟新告辭而出。

有一天，他聽到廟裡的管事和尚在毆打一個做雜活的信徒。這時，天上忽然打雷。在霹靂聲中，悟新終於開悟了。

【品日】

「不識廬山真面目，只緣身在此山中。」跳出「三界」之外，也就容易俯瞰一切了。

義玄示寂——臨濟語錄

義玄禪師臨逝世時坐著說：「我死了以後你們不得斷滅我的正法眼藏（又稱清淨法眼）。」

三聖走出來說：「怎麼敢斷滅和尚的正法眼藏呢？」

禪師問：「以後有人問你，向他說什麼？」

三聖就吆喝。

禪師說：「誰知道我的正法眼藏在這頭瞎驢身邊斷滅了！」說完端坐著去世了。

【品日】

「無念」才是真正的「清淨」。「不敢斷滅」倒是真正給「斷滅」了。

滴水也銷不得——景德傳燈錄

智常曾與南泉一同行腳，有一天相互告別，燒茶的時候，南泉問：「從前與師兄商量的語句，彼此都已知道。今後如有人問起悟道大事，該怎麼回答？」

智常說：「這一塊土地極適宜築庵！」

南泉說：「築庵的事暫且不談，悟道大事該怎麼辦？」

智常一聽，擊翻茶銚就站了起來。南泉說：「師兄喝山茶，我還沒有喝哩！」

智常說：「說出這樣的話，一滴水也不能享用！」

【品曰】

窮究事理，拘泥常規，必為庸俗，其「茶」愈喝愈糊塗！

石頭抽刀——五燈會元

石室善道禪師曾在他的師祖石頭希遷禪師那裡參學。

有一天，他隨石頭禪師遊山時，石頭禪師說：「你去為我把面前的那棵樹砍了，免得它妨礙我們的眼界。」

善道說：「我沒有帶刀來。」

石頭禪師於是把自己帶的刀倒遞過去——讓他接刀刃。

善道說：「師祖，您為什麼不送那頭——刀把過來呢？」

石頭禪師說：「你用那來幹什麼？」

善道聽到這裡，頓時開悟了。

【品曰】

不要時時為「外界」諸種事物所牽制、所煩惱，否則總是如同用手去倒拿「刀刃」，時時陷入痛苦之中。

柏樹子話有賊機——葛藤集卅五

德川初期，隱元禪師東渡日本傳教，是日本禪界的一件大事。

自從鎌倉時代，禪由中國傳到日本後，從禪的發源地中國就很少有高僧渡海，所以隱元的東渡，在日本反響極大。日本僧人十分虔敬地把隱元和尚迎進了本山妙心寺，請他出任住持。

隱元有一次去京都花園妙心寺拜訪，問道：「貴寺開山老祖有什麼語錄嗎？」

「本寺的開山無甚語錄。」

隱元便有點看不起該寺的開山師關山慧玄。

門人又接著對隱元說：「語錄雖然沒有，不過他說過一句『柏樹子話有賊機』。」

隱元吃了一嚇，心透涼氣，深感關山慧玄禪力之深，便向開山堂的微笑塔合十遙拜，悄悄退出了妙心寺。

【品日】

「賊機」之「賊」，即強奪他人之物的強人。

禪者首先便取走他人的煩惱妄想，進而把維繫一生，引起追求之念的悟念一併奪去，還給人一個本來的人。

江南江北問王老——碧岩錄廿一

一僧問智門：「蓮花未出水時如何？」

智門回答：「還是蓮花。」

僧又問：「出水後呢？」

智門回答：「那就成了荷葉。」

對此，雪竇頌道：「蓮花荷葉報君知，出水未出時何如。江北江南問王老，一狐疑了一狐疑。」通過蓮花與荷葉，智門向你傳達的是禪的真理。

【品曰】

一疑才解，一疑又生。此時切忌從他處而求；如果你不返回自身，永遠沒有解開疑竇之日。

如何不是佛——景德傳燈錄

有一僧人問延沼禪師：「怎樣是佛？」
延沼禪師反問：「怎樣不是佛？」
僧人說：「不明白玄妙之言，請老師直接指示。」
禪師答：「家住東海邊，日出最先照。」

【品曰】
除卻「不是佛」，則時時處處皆是「佛」。佛在自心，返觀便是。有此悟性者，自然靈光「先照」。

空中一片石——五燈會元

有位僧人問石霜禪師：「達摩大師到中國來，究竟是什麼意思？」
石霜禪師說：「這如同天上飛來的一顆石塊。」

這位僧人聽了有所領悟，於是向石霜禮拜。

石霜禪師問他：「你弄清了其中的意思嗎？」

僧人說：「我沒有去弄清。」

石霜禪師說：「幸好如此，否則這片飛石會把你的頭打破的。」

【品曰】

凡事「一思」即可，「窮思不已」則非禪的境界。要有「拿得起，放得下」的超然與豁達。但願我們莫被「空中的石片」擾得心煩意亂，乃至頭破血流！

虛空類不得——五燈會元

有一僧人問警玄禪師：「怎樣是徹底通悟的人？」

警玄禪師回答：「虛空無法類比。」

僧人又問：「怎樣是清淨法身？」

禪師答：「白牛吐出雪花般的色彩，黑馬騎上烏黑色的雞。」

【品日】

凡徹悟者，一切圓融渾然，了無諸般妄念，猶如「白馬雪彩」、「黑馬烏雞」，黑白皆已通透！

夜放烏雞帶雪飛——五燈會元

警玄初到梁山（緣觀）禪師處，問：「什麼是無相道場？」

梁山指著觀音像說：「這是吳處士畫的。」

警玄剛想再問，梁山緊接著追問：「這個是有相的，哪個是無相的？」

警玄於是省悟了，連忙禮拜。

梁山問：「何不說上一句？」

警玄回答：「說倒沒什麼，恐怕落紙筆。」

梁山笑著說：「這句話要刻在石碑上哩！」

警玄奉獻偈詩一首：「當初學道法我真是癡迷，跋涉萬水千山尋覓見知。即便明辨今古終難領會，直說沒有妄念反更癡迷。幸蒙老師點出秦時古鏡，照見我未生時本來面目。如今覺悟之後有何心得？夜半放出烏雞帶雪飛舞。」

梁山說：「洞山的宗法有了指望。」

一時間，警玄名聲喧盛。

【品曰】

禪者悟道，「無相」重於「有相」（「虛」重於「實」），由「實」入「虛」，便進禪境，猶如「夜放烏雞帶雪飛」，於一片潔淨澄明之中，超然物外，橫空而去。

乞我一文錢——五燈會元

布袋和尚在街道上站著，有位僧人問：「和尚在這裡幹什麼？」

和尚說：「等一個人。」

僧人說：「來啦！來啦！」

和尚說：「你不是這個人。」

僧人問：「那怎樣才是這個人呢？」

和尚說：「給我一文錢吧！」

【品曰】

禪師以「等人」示機，僧人一再糾纏（已顯「分別」、「執迷」心），確不是「那人」，禪師只得以「乞錢」打發他。

貓兒捕鼠——五燈會元

晦堂祖心禪師問草堂善清：「六祖《壇經》裡的『風動、幡動』那層意思，你是怎樣理解的？」

善清說：「我一點入手處都找不到，還望師父給予指點。」

祖心禪師說：「你看過貓兒捕鼠嗎？牠捕鼠時，眼睛眨也不眨，四隻腳蹲在地上待時而動，眼、耳、鼻、心等功能全放在捉老鼠上，頭和尾都是一個方向，自始至終都為了這一目的，所以百發百中。你如果能這樣，心裡不再去想其他事情，眼耳鼻舌身意這六根就自然清淨了，自然再默默體會，包你萬無一失。」

草堂善清照這樣的方法去做，過了一年多時間，終於豁然大悟了。

【品曰】

感敗之途，分別源於「全神貫注」與「心猿意馬」，入禪又何嘗例外？

掘地覓天——景德傳燈錄

有僧人問善昭禪師：「什麼是大道的源頭？」

善昭禪師回答：「開掘泥地，尋找青天。」

僧人問：「怎能是這樣？」

禪師答：「認識幽玄之理吧！」

【品曰】

追溯道「源」，可謂「執迷」至極，恰如「掘地覓天」，背「道」而馳。

歸堂向火——明覺禪師語錄

重顯禪師上堂說：「即使說得撼動大地，天降香花，也不如回僧堂烤火！」

說完便下座而去。

【品日】

言語、文字常是禪的束縛，多談易陷於「執迷」，何如歸堂「烤火」，恬然自在，更接近禪境。

真物不可得——五燈會元

一天，寶通站在石頭禪師旁邊。石頭禪師問他：「你是參禪的僧人，還是那些只管吃齋念佛的僧人？」

寶通說：「我是參禪的僧人。」

石頭問：「什麼是禪？」

寶通說：「揚眉眨眼。」

石頭說：「除掉揚眉眨眼之外，把你的本來面目拿出來看看。」

寶通說：「請和尚除掉揚眉眨眼之外去看吧！」

石頭說：「我已經除掉了。」

寶通說：「我已經給你看過了。」
石頭問：「你的心是什麼樣子？」
寶通說：「與和尚的心沒有兩樣。」
石頭說：「我的心不關你的事。」
寶通說：「你的心沒有東西。」
石頭說：「你的心也沒有東西。」
寶通說：「既然沒有東西，那就是真東西。」
石頭說：「真東西不可得，你要好好護持。」

【品曰】
二人對答如流，禪機如飛，其要旨是：見到本心，也就見到「道」了；並且，只有除掉一切思想、意念，才能見到自我的真心。

野鴨飛過也——五燈會元

一次，百丈懷海伴隨馬祖禪師在郊外行走，看見一群野鴨從空中飛過。

馬祖禪師說：「是什麼東西？」
百丈回答：「野鴨子。」
馬祖又問：「到哪兒去了。」
百丈回答：「飛過去了。」
馬祖於是扭住百丈的鼻子，百丈不禁痛得叫了起來。
馬祖斥道：：「說什麼飛過去了！」
百丈當即有所省悟。

【品曰】

禪講究無住為本。即對物的鑒知反應，應事過境遷，猶如春夢了無痕跡，不能喪失自心，心隨物去——飛走的是野鴨，心卻不能隨鴨飛去。

開來久矣——景德傳燈錄

有一僧人問禪師：「樹開花了嗎？」
禪師說：「早開了許久了。」

僧人問：「不知還結了果子沒有？」

禪師說：「昨夜遭霜打了！」

【品曰】

開花、結果，本是樹的本性，一旦執著於結果，便是本性的執迷，便是念，豈不「昨夜遭霜打了」？

子湖有狗——五燈會元

唐開成二年（八三七年），當地人翁遷貴施捨馬蹄山下的子湖，為利蹤禪師創建了寺院。禪師在門外立了一塊牌子，上面寫著：「子湖有一隻狗，上取人頭，中取人心，下取人足，稍有猶豫就喪身失命。」

臨濟義玄禪師法會中，有兩個僧人參見，剛揭起門帘，禪師就喝道：「注意狗！」

僧人回頭張望，禪師便回到方丈裡去了。

【品曰】

「中取人心」便是「無心」，即不執迷於妄念。禪師一聲喝，令僧人在回頭張望中，自悟自性。

棹撥清波，金鱗罕遇——五燈會元

有一天，船子和尚把船停在岸邊閒坐著。有位官人問：「什麼是和尚的日常事務？」

和尚豎起船槳，問：「領會嗎？」

官人答：「不領會。」

和尚說：「槳兒撥清波，難遇金鱗魚。」

【品曰】

冥思（執迷）難覓真道，閒坐（無心）則近禪境。

還假悟否——五燈會元

唐末長安米和尚派了一個和尚去問仰山慧寂禪師：「現在學禪的人，還憑不憑藉開悟這種過程呢？」

仰山說：「並不是沒有開悟的事情了；對佛法的真理而言，無奈的是開悟也僅僅是從屬和派生出來的事情，並不是佛法真理的本身。」

對仰山的回答，米和尚深感高明。

【品曰】

禪的境界，處處充滿生機。

「迷」亦由我，「悟」亦由我，鑰匙在自家手中，全看如何去開「鎖」！

擔雪填井——無門關十三

有一天，寺內的齋飯因事耽擱了一陣，弄晚了。德山和尚手捧飯缽，走到食堂裡。

典座雪峰見狀揶揄道：「這老漢，鼎鐘未鳴、寺鼓未敲，他捧著飯缽要到哪裡去？」老德山遭弟子搶白了一頓，可他不言不語，像無事似的回到方丈。

此事後來成為千古美談。有人敬仰德山虛懷若谷的境涯，著語道：「始隨芳草去，又逐落花回。」有覺其意猶未盡，添寫道：「僱他癡聖人，擔雪共填井。」

【品曰】

「始隨芳草去，又逐落花回。」指去回無定，不執著於一切的心境。「僱他痴聖人，擔雪共填井。」指真聖者不求報酬，為他人謀利益的「佛之上」的高尚境界。

寒暑到來——五燈會元

唐末洞山良价禪師是曹洞宗的創始人，為卓越的禪師之一。一次，一個和尚問他：「寒暑到來的時候，到哪裡迴避？」

洞山禪師說：「你怎麼不到沒有寒暑的地方去迴避呢？」

這個和尚又問：「哪裡是沒有寒暑的地方？」

洞山禪師說：「就是熱起來熱死你、冷起來冷死你的那個地方。」

【品曰】
寒暑（煩惱、雜念）皆由「心」生，消弭亦由「心」除。解鈴還須繫鈴人！

生死到來——古尊宿語錄

有個和尚問雲門文偃禪師：「生死到來的時候，怎樣才能擺脫？」
雲門禪師把雙手伸展開來，說：「你把生死還給我！」

【品曰】
真正的禪者已無所謂「生死」；拋不開者，總要談「生死」。

會不得——古尊宿語錄

一個和尚問雲門文偃禪師：「怎樣才是一個出家人的真正修行之處？」
雲門禪師說：「那是沒有任何人懂得的。」
這個和尚問：「為什麼不能使人懂得？」

雲門禪師說：「那你就必須去意會那個不能讓人懂得的『會不得』。」

【品曰】

一切「認識」，均從「不認識」而來，必須返本到「不認識」（即「空」）之中，才是禪境追求的「通」。

第三部 觀心見性

外界的諸景、諸象，皆由心生。

回歸內心，把握自己，體悟純真的人性，佛便在心中，禪便無處不在，我便行在道中；人生的主人，原來就是「我」。

清淨法身——壇經

世上人性本來清淨，萬事萬物都在自性中產生。如果思量一切惡事，就會作惡；如果思量一切善事，就會行善。所以一切事物都在於自性。自性永遠清淨，如日月永遠明亮一般。只因為烏雲覆蓋，上面明亮、下面昏暗，所以不能清楚地看到日月星辰。如有智慧之風吹散雲霧，那萬事萬物紛然羅列，就全部顯現出來。世上人性清淨，猶如青天，智慧如同日月常明。如果執著外界事物，虛妄之念像浮雲覆蓋，自性便不能明淨。因此遇上得道高僧宣講真法，驅除迷妄之念，便能使內外通體透徹。

【品曰】

在自性之中，萬物都顯現出來，一切事物本在自性中，此即「清淨法身」。

十方世界是你心——五燈會元

有個和尚問長沙景岑禪師：「我們的心是個什麼樣子？」

長沙禪師說：「整個十方世界都是你的心呵！」

這個和尚說：「如果我的心有那麼大，那麼又把我的身體放在什麼地方呢？——不是沒有安放身體的地方了嗎？」

長沙禪師說：「這就是安置身體的地方啊！」

【品曰】

心與世界合一即禪境。

和尚佛性——五燈會元

有個和尚問成都應天和尚：「人人都有完滿的佛性，您老和尚的佛性表現在什麼地方呢？」

應天和尚反問他：「你把什麼東西當成佛性？」

那個和尚說：「那麼您老和尚是沒有佛性的人了。」

應天和尚高興地說：「正是這樣，我真是快活極了！」

【品日】

窮究佛性者，必無真佛性；四大皆空者，佛性常相隨。

我今獨自在——洞山語錄

良价臨走時問雲岩禪師：「和尚百年後，如果有人問：畫了和尚的肖像嗎？該怎樣回答？」

雲岩答：「只要向他說：這就是。」

良价默默無語。雲岩說：「良价啊！承當這件事務必謹慎小心。」

後來良价過河看到水中自己的身影，徹底領悟了雲岩的意旨，於是作了一首偈詩：「切忌從他人身上尋覓，這樣做和我隔得太遠。我如今獨個兒自由自在，什麼地方都能夠遇到他。他如今正是我，我如今不是他。應該這樣領會，才契合禪理。」

【品日】

「無我」便有了真「我」，超然物外，獨自逍遙。

道得即開門——景德傳燈錄

從諗擔任伙房的燒火僧。有一天，他關上了門，燒得滿屋是煙，然後喊：「救火！救火！」

大眾立刻都奔了過來。

從諗說：「說得出我就開門。」

大眾都無言應對。

南泉禪師把鑰匙從窗間遞給從諗，從諗就打開了門。

【品曰】

「自性」的門，須用鑰匙自己去開。

盲者依然盲——景德傳燈錄

有一僧人問寶通禪師：「苦海波深，用什麼作舟船？」

寶通禪師說：「用木頭作舟船。」
僧人說：「這樣就能夠渡脫了嗎？」
禪師說：「盲人依然盲，啞者依然啞。」

【品曰】
苦海唯有「心」渡。

自性本來俱足——古尊宿語錄

有一僧人問馬祖：「怎樣理解便能獲得道呢？」
馬祖回答：「自己的本性中本來就具備了道，只要有善惡兩方面都不要黏滯，就叫作修道人。如果取善捨惡，心觀空寂，神入專定，就是刻意做作；如再向外馳走尋求，就與道離得更遠了……」

【品曰】
禪在心中，道在足下。

後亦作佛——祖堂集

懷海禪師童年時，跟隨母親到寺院拜佛。他指著佛像問母親：「這是什麼？」母親說：「這是佛。」

小懷海說：「佛的樣子真像人，跟我也沒什麼不同，以後我也要作佛。」

【品目】

童心之言，乃真心之言，深得禪意（佛如人人，人人皆佛）。懷海自小有此悟性，豈能不「作佛」？

昨日哪裡落節——法演禪師語錄

一日，五祖法演禪師上堂為眾僧說法：「老僧昨日進城，見一傀儡戲棚，不免走上前去觀看。或見端嚴奇特，或見醜陋不堪，轉動行坐，五顏六色，十分好看。待仔細觀察時，才知青布幔裡有人。老僧忍不住要笑，於是問布幔裡人：『長史高姓？』誰知他說：『老和尚看戲就行了，還問什麼姓！』各位，老僧被他這一句話，弄得無言可對，無理可伸。還有人替我回答嗎？昨日在那裡落節（吃虧），今天在這裡找回來。」

【品曰】

法演所謂：「落節」，暗指自性，要找回的，自然亦是自性。人的一切行動，如木偶一樣，皆源於自性。那幕後操縱者即喻自性。自性須靠體認，不可言說。

房內有客——景德傳燈錄

有一個老僧人，看見陽光透過窗戶，便問惟政禪師：「究竟是窗子趨向陽光，還是陽光趨向窗子？」

惟政禪出說：「長老你的房裡有客人，還是回去的好！」

【品曰】

老僧仍有「分別」心，猶如一個執迷的軀殼，自性、真我還留在屋內。禪師只得打發他「回去」，再覓「本性」。

石上蓮花火裡泉——五燈會元

有一僧人問蘊禪師：「什麼是禪？」
蘊禪師回答：「石頭上的蓮花，火焰裡的泉水。」
僧人又問：「什麼是道？」
禪師答：「楞伽峰頂的一棵草。」
僧人再問：「禪與道有多少差別？」
禪師回答：「泥人落水，木人打撈。」

【品目】
禪道唯在悟者心中，在「外界」看不見、摸不著。

隨家半儉——景德傳燈錄

有一僧人問弘通禪師：「什麼是和尚您的家當？」

髓通禪師回答：「渾身不值五分錢。」

僧人說：「太貧寒啦！」

禪師說：「古代就是這樣的。」

僧人問：「怎樣接引學人？」

禪師回答：「看家境豐裕還是貧儉。」

【品曰】

貧寒即「性空」，豐裕（太「實」）則恐難「接引」。

密室中人——五燈會元

有個和尚問一位老禪師：「藏在密室中的那個人是怎樣的一種情景呢？」

老禪師說：「既然是藏在密室之中，那就不應讓人知道。哪怕有客人來了，也要悄悄躲著，不出聲。他的情景，除了他自己，自然誰也不知道。」

【品曰】我們是「密室中人」嗎？我們內心有「密室中人」嗎？若然，也請你別「出聲」。

汝是慧超——碧岩錄七

有僧求見法眼和尚，對法眼說：「貧僧慧超有一事請問大師，佛到底是什麼東西？」

法眼告訴他：「你就是慧超。」

【品曰】見凡心即見佛心，諸佛俱在心頭。

法眼大師的言下之意是：除了你自身之外，哪裡還有佛呢？慧超本意即指大智慧，代指佛性。

非心非佛——無門關卅三

有人問馬祖：「何為佛？」

馬祖答：「非心非佛。」
又問：「老師為何又說『即心是佛』？」
馬祖答：「那是為了哄小孩不亂哭。」
再問：「不哭了之後又怎樣？」
馬祖答：「那就是『非心非佛』囉！」

【品目】
無心就是佛法。捨棄一切，還人以本來面目。識別了心的本質，就明了佛法精髓。

仁者心動——無門關廿九

五祖獨具慧眼，傳法給慧能。

慧能在深山隱居了十餘年，長養聖胎。有一次，他到廣州的法性寺豎起了一面幡，預告法師要講經說法了。

寺裡有兩位小和尚看著這面在風中嘩嘩作響的幡，爭議個不休。一個說是幡動；一個說不是幡動，是風在動。

慧能見他們越扯越遠，就說：「那不是風動，也不是幡動，是你們的心在動！」兩位小和尚深感慚愧。

無門和尚針對六祖這些話，寫道：「看，那既不是風動，也不是幡動，更不是心動。那麼六祖真正的意思是什麼呢？」

【品日】

參禪即觀心，反觀自心。

心靜為潭，最後達到無心無我的境界，才是真正的禪境。

一株如夢花——碧岩錄四十

陸亘大夫在與恩師南久和尚論禪時問道：「肇法師說過：『天地與我同根，萬物與我一體。』實在精當至極！」

這時陸亘尚未得到南泉印可。他所說的沒有什麼謬誤，不過還沒有達到化境。

於是南泉這樣垂示弟子——

南泉喊道：「大夫。」

大夫抬頭一看，南泉便用手指著院中的牡丹花，啟示道：「世上的人就是看到了這株花，也只像是在夢中看見一樣。」

【品曰】

夢中看花與見花是花的水平是不可同日而語的。正如姜太公有意垂釣渭水與孔夫子無意畢現麒麟，這有意與無意，正是殘心與無心的巨大差別。

君子千里同風——碧岩錄七十三

有一位僧人問馬大師：「請大師拋離一切概念、原理，向我講述達摩祖師西渡而來的禪之精神。」

問得極巧，答之亦難。

馬大師說：「老衲現在很累，不可能一下子跟你講清楚；你去問智藏吧！」

僧人就去問智藏。智藏反問道：「為什麼不去問馬大師？」

「老師叫我來問你！」

「真不巧，我今天頭痛，恐怕沒勁跟你講，你去問懷海法兄好了。」也許是君子千里同風，智藏的回答竟跟馬大師一樣奇妙。

僧人於是跑去問百丈懷海。百丈說：「你到我這裡，更是一無所得。」難道名揚四海的馬大師門下諸方高僧今天都得了病不成？僧人百思不得其解，又轉去問馬大師。

馬大師說：「智藏的頭是白頭，懷海的頭是黑頭。」說畢即歸禪室。

【品曰】

禪是最現實的，它超越倫理、理性、邏輯，但它本於自然，重於實際，貴於簡約，絕在妙悟。悟出本心，立地成佛。

侍者說法——五燈會元

仁勇禪師上堂時，侍者正點完香。

禪師指著侍者說：「侍者已給大家說完法啦！」

【品曰】

侍者點香，正是自性自用，能體悟自性，便是得道成佛，無異於現身說「法」。

會取學人──景德傳燈錄

有一僧人問緣德禪師：「什麼是古佛心？」

緣德禪師回答：「水鳥樹林。」

僧人說：「學人不領會。」

禪師答：「那就領會學人吧！」

【品曰】

在禪師看來，所謂「古佛心」，只是如同水鳥樹林一般虛幻不定之物，唯有學人自悟（認識自己），才是禪學正道。

與老僧作個無縫塔——碧岩錄

慧宗國師臨終時，代宗皇帝前來探視，問國師：「老師百年之後，有什麼希望嗎？」

國師說：「請為我造一座石塔。」

代宗問：「什麼形狀的石塔？」

國師良久不語。

國師問代宗：「你懂我的意思嗎？」

代宗說：「不懂！」

國師說：「耽源是我的法嗣，極善此事，日後你去問他吧！」

國師仙寂後，代宗即召來耽源，問起國師話中真意。

耽源回答說：「湘州之南潭州北，當中有一黃金國。無蔭樹下乘合船，琉璃殿無善知識。」

這樣一說，更叫代宗莫名其妙。

【品曰】

耽源的意思是：「有我在此。」

——石塔可以彌揚佛法，但彌揚佛法最需要活佛，皇帝與此何干？

踏佛頂上行——碧岩錄

肅宗皇帝是一位佛教徒，有一次，他問慧忠國師：「十身調御佛到底是什麼？」

國師回答：「施主，請在佛的頭頂上行走！」

肅宗說：「我不明白。」

國師回答：「當認清自己的清淨本性。」

【品曰】

國師請皇帝要認清自己的清淨法身，即本來的人性，而不囿於一悟之念中。只有超越佛性，到達「佛之上」的境界，才能真正悟透佛是什麼。

日佛面，月佛面——碧岩錄三

馬祖大師身患重病，臥床不起。

有一次，一直很擔心其病情的院主前來探望，問候道：「老師，最近身心如何？」

馬祖回答道：「日佛面，月佛面。」

日佛面、月佛面是《三千佛名經》中出現的佛名。經中說日佛面的壽命為一千八百歲，月佛面則只能一晝夜。

【品目】

佛的壽命不在長短，只要懂得生死之道，生也安然，死也安然，好好地活過，生命就具有無窮的價值。

百尺竿頭須進步——無門關

長沙和尚說法道：「坐於百尺竿頭的人，雖說已達到了一定的境界，但還沒有認識到真理。要窮盡真理，必須百尺竿頭更進一步，在十方世界顯現無相的自己的真身。」即與天地一體、萬物不二的自己，無我地利於他人、福於他物的自己。

【品曰】

無我即忘我，無我之境即他中有我、我中有他的境界，亦是百尺竿頭，再進一步的更高禪境。

竹籃接雨——古今公案

一次，寺中漏雨。禪師喊道：「房子漏雨了，快拿東西來接。」

有一個小僧人隨手把身邊的竹籃子無意識地拿了過來。

另外一個弟子認為竹籃子是不能接水的。他起了這樣的分別心，於是就找另外的物器去了。

禪師讚許了立即拿竹籃子的僧人的機鋒。

【品目】
禪不容許生出分別心，真正的禪是自己無心地自然行動。即不執著於理，也不執著於物，才是真正的禪之體驗。

打成一片——碧岩錄

香林和尚住持香林院四十年，八十歲時圓寂。他曾說過：「我四十年來真正打成了一片。」打成一片指的是真正回到了本來面目，自始至終，忠誠守一。所以許多得道高僧為了謹守正念，專一護道，專揀偏僻庵院隱居，絕斷一切塵緣，拋開人間萬事，只在此山中，雲深不知處。

【品目】
人來自自然，復歸於自然，參禪的過程亦即「復歸」的過程。

一二三四五，足——曹山語錄

有一僧人問本寂禪師：「古人說：『人人都有。』弟子在世俗中，是否也有呢？」

本寂禪師說：「伸過手來。」

僧人把手伸過去，禪師就數手指：「一、二、三、四、五，足數！」

【品曰】

成佛的條件如同手指，人人都具備充足。

閒神野鬼——崇門武庫

汾陽善昭禪師有一天對廟裡的僧眾說：「昨天晚上，我夢見死去的父母向我要酒肉錢。我心裡難過，所以免不了要隨風俗習慣，買點酒肉、紙錢來祭祀一番。」

於是就如此這般地張羅著把祭奠辦了。但汾陽禪師在祭奠後卻獨自坐在酒席上，旁若無人地吃肉喝酒。

僧眾們看不下去，紛紛指責他說：「今天才知道你原來是個酒肉和尚，怎有資格當我們的導師呵！」便都打起包袱離開了。

只有石霜楚圓、大愚守芝等六、七個人沒走——他們後來都成為著名的大禪師。

事後，汾陽禪師感慨地說：「那麼多的閒神野鬼——成不了氣候的可憐蟲呵！只消一盤酒肉、兩百張紙錢就被打發走了。《妙法蓮華經》上不是說得很明白嗎：真正住持在廟裡的僧人應該根正，幹正，有一顆真實的心就可以了啊！」

【品目】

禪是不講究「形式」的。

一棵挺拔的大樹，只要根正、幹正，無所謂「枝枝叉叉」。一葉障目，不見大樹者，怎能入禪？

色即是空——碧岩錄

一日，有人拿了一件煙花女子佩帶的精緻小肚兜給東海寺的澤庵和尚看，意下想難他一難。不料和尚破顏一笑，口裡一邊說：「繡得多麼好！老衲也喜歡有這等美人陪伴哪！」一邊動筆寫了一段偈語：「佛賣法，祖師賣佛，末世之僧賣祖師。有女賣卻四尺色身，消安了一切眾生的煩惱。色即是空，空即是色。柳綠花紅，夜夜明月照清池。心不留亦影不留。」

【品曰】：

「色」（泛指一切有形之物）只是在「心」的感受下才發生作用。「心不留則影不留」，一切「色」也便化作了「空」。只是世人大多不悟此理，「心」放不下，故常常為之困擾。

泥中蓮花——日本禪師錄

日本幕府末期的禪林怪傑無三和尚原是薩摩蕃一個偏僻小村的農民，他二十一歲時到大阪的蕃主府邸做雜役，五十三歲時看破紅塵，出家為僧。

他決心十足，不顧老邁之軀，遍遊四方，後拜師寶香寺的洞泉橘仙和尚。他的刻苦勤勉感動了洞泉和尚，終於把正法傳給了無三。

無三修得正果之後，應薩摩藩藩主邀請，出任鹿兒島的福昌寺住持。

在出任住持的儀式上，無三展示了禪師的高尚品性。

然而薩摩藩有一條規定，以貧賤的百姓身分，不能出任佛寺住持，要當住持就得改官姓。無三無意改姓。於是，有一位嫉妒無三的某寺住持向藩主進讒：「一個土百姓怎麼能當住持呢？」滿座為之嘩然。

在大庭廣眾之下，無三面不改色，聲如洪鐘，說了一句震懾滿堂的話：「我是泥中蓮花。」舉座為之肅然。

從此以後，藩主從心裡歸附了無三。

【品曰】

蓮花可以從淤泥而出，高潔自在；珍珠亦可墜入淤泥，蒙垢無光——「出處」並不重要，須看「此刻身」如何？

迷悟一念間——《從容錄》

織田信茂將軍在出巡途中，經過松蔭寺，便前去拜訪白隱禪師。

將軍問禪師：「佛教認為有地獄和極樂世界，果真有天堂、地獄嗎？」

白隱不答，卻問他：「你是一位將軍，對嗎？將軍要像將軍的樣子，問什麼天堂、地獄，真是多嘴多舌！」

信茂很有點惱火：「我是真心向你請教，你這樣真是太無禮了！」

「怎麼？你發火啦!?膽小鬼！」

信茂臉上一陣紅一陣白，不由得用手緊握劍柄，將劍抽出半截。

白隱說：「現在我可以告訴你，地獄之門正由此打開。」

信茂終於醒悟過來，將劍插回劍鞘，為剛才的失禮向白隱道歉。

白隱笑著說：「地獄之門又已關閉，天堂之門正開始放光哩！」

【品曰】

一切存在的有無，均在心頭一念的迷悟之間。

「天堂」與「地獄」是如此，萬事萬物也莫不皆然。

悟則滿目青山，陽光燦爛；迷則一片渾濁，如墜黑夜。

千眼觀音——五燈會元

道悟禪師問雲岩禪師：「觀世音菩薩千手千眼，你說祂哪一隻眼最根本？」
雲岩禪師說：「好比一個人睡覺的時候沒有燈，在黑暗中卻能摸著枕頭。」
道悟說：「我明白了。」
雲岩問：「你是怎樣理解的？」
道悟說：「那時，那個人全身上下都長滿了眼睛。」

【品日】
人的潛在能力是無窮的，只要充分發揮出來，我們每個人便都是無所不見、無所不能的「千眼觀音」。

死人口裡活人舌——五燈會元

有一僧人問歸仁禪師：「沒有提問而自說自話，如何理解？」

歸仁禪師回答：「死人口裡的活人之舌。」
僧人又問：「不知什麼人能夠領會？」
禪師答：「沒有角的公水牛。」

【品曰】
說者有口無「心」，悟者渾然圓融（無「角」）。

東壁打倒西壁——五燈會元

有一僧人問歸仁禪師：「什麼是靈泉（歸仁禪師的法號）幹的活？」
歸仁禪師回答：「東牆打倒西牆。」
僧人問：「那憑什麼過日子？」
禪師答：「斷腳的鐺鍋，沒煙的火。」
僧人又問：「早晚二時用什麼來供奉？」
禪師答：「鄉野老漢一起燒沒有米的飯，溪水邊聚會不來的人。」

【品曰】

靈泉所幹之活——四大皆「空」也。

明自己，悟目前——五燈會元

祖心禪師上堂對眾僧說：「如果單單明瞭自己，而不領悟眼前，此人是有眼無腳。如果領悟眼前，而不明瞭自己，此人是有腳無眼。這兩種人，整天常有一件東西擱在胸中。胸中有了東西，不安之相就常在眼前。眼前有此不安之相，就處處滯礙不通，怎麼能夠安穩呢？祖師不是說過嗎：執著得失，就必然走入邪路；放任地聽其自然，就沒有離去和棲息的差別。」

【品曰】

「眼」見尚「虛」，「足」踏為「實」。禪者眼、足並重，行在「道」中。

隨流去——五燈會元

唐貞元年中，齊安禪師法會中有個僧徒因為採集拄杖木料，迷了路，來到法常禪師的庵院。他問：「和尚在這裡多少時間了？」

禪師回答：「只見四面的山嶺青了又黃。」

僧徒又問：「出山的路向哪裡去？」

禪師答：「隨著流水去吧！」

【品曰】

隨流，即隨心。禪心超越時空，如蒼穹之風，之雲，之雨，無障無礙。

與哭何異——五燈會元

仰山做小和尚時，念經的聲音很響。

乳源禪師便呵叱說：「這小和尚念經就像在哭！」

仰山說：「我確實這樣，不知和尚你怎樣？」
乳源四處環視，不解其意。
仰山說：「如果你是這樣，那與哭有什麼不同？」

【品目】
率性自然，不拘一格。本性如此，似哭也罷。

點茶來——五燈會元

一位僧人對令參禪師說：「一粒還丹，可以點鐵成金；一句至理名言，可以轉凡成聖。弟子前來，請老師點一點。」
令參禪師說：「不點。」
僧人問：「為什麼不點？」
禪師說：「恐怕你陷入『聖』『凡』的分別之心。」
僧人不解，說：「乞老師指示真理。」
禪師喊道：「侍者，泡茶來。」

【品曰】

得道成佛在於明心見性，全靠自悟。對於未悟者，無法明「點」，只能「泡茶」送客，也算再次示機！

犀牛扇——景德傳燈錄

齊安禪師喚侍者道：「把犀牛扇拿過來。」

侍者說：「破啦！」

禪師說：「扇子破了，把犀牛還給我。」

侍者無言以對。

【品曰】

「破」與「不破」，乃俗人分別之心。

「犀牛」即指無分別之心的佛性、自性。「還我犀牛來」，乃是禪師以遮斷的手法，讓侍者去體悟自心。

銅頭鐵額——五燈會元

有一僧人問慧覺禪師：「怎樣是佛？」

慧覺禪師回答：「長著銅頭鐵額。」

僧人又問：「這是什麼意思？」

禪師又答：「還長著鳥嘴魚鰓！」

【品曰】

禪師以反語「敲打」僧人，意在使其領悟：佛如普通人，人人可成佛。

他家自有兒孫在——景德傳燈錄

法燈（泰欽）禪師住持上藍院時，道齊在院內主管經藏。

有一天，道齊侍立一旁，法燈對他說：「藏主，我有一則關於祖師西來旨意的應對話題，你怎樣領會？」

道齊回答：「不東不西。」
法燈說：「沒沾到邊！」
道齊問：「我這樣領會，不知和尚怎樣領會？」
法燈回答：「別人家自有兒孫。」道齊頓時明白了其中旨義。

【品曰】
「他家自有兒孫在」，自家（「心」）則須好好照看。

踢倒淨瓶——無門關

百丈禪師打算從機鋒應對，智慧出眾者中，選出禪院主持人。百丈拿出一只淨瓶放在地上，表示淨瓶已經不淨了，所以說：「不得稱淨瓶，你們看，應該叫甚麼？」
首座說：「能不能叫做木棒。」
百丈又問溈山，溈山踢倒淨瓶而去。
百丈笑著說：「首座輸給溈山小子啦！」因而任命溈山為主持。

【品曰】

首座的回答，仍然黏著在文字上。而溈山的回答，完全跳出了文字：踢倒淨瓶，表示除卻污染，自悟本心，確實勝首座一籌。

過河機語——洞山語錄

良价禪師和密師伯過河時，對良价問：「過河的事怎麼樣？」

師伯回答：「沒有打濕腳。」

良价說：「老大年紀，說出這樣的話！」

師伯問：「你怎麼說？」

良价回答：「腳沒有打濕。」

【品曰】

話一顛倒說，頓顯出「我」的主體，實乃真悟也！

真佛住處——五燈會元

有人問光湧禪師：「真佛住在哪裡？」
光湧禪師回答：「當下並無相狀，但也不在別處。」

【品曰】
真佛在「自性」之中，故曰「無相狀」，也不在「別處」。

非佛而誰——景德傳燈錄

一次，有幾位法師來謁見慧海禪師。法師問：「想提個問題，禪師肯回答嗎？」
禪師說：「深潭月影，任意撮摩。」
問：「什麼是佛？」
禪師說：「清潭對面，不是佛是誰？」
大眾都茫然不解。

【品曰】

深潭月影，係禪師自況，意謂自心清淨。清潭對面，非佛而誰？意謂在我面前，人人自心即佛。

通身是病——五燈會元

有個和尚問曹山本寂禪師：「我現在一身都有病，請老師為我醫治一下。」

曹山說：「我不給你醫。」

和尚說：「你為什麼不給我醫呢？」

曹山說：「我只能讓你求生不得，求死不能。」

【品曰】

禪者之「病」，他人無奈。曹山所開的，只是一味「心藥」。

不變易處去——五燈會元

曹山本寂禪師是洞山良价禪師的高足弟子，他得法後向洞山禪師告辭時，洞山禪師問他：「你準備到哪兒去？」

曹山說：「我到沒有變化差別的地方去。」

洞山說：「沒有變化差異的地方，怎麼會有來去的現象呢？——有來去，就是有變化和差異了嘛！」

曹山說：「來來去去，也不會影響到這個沒有變化差異的存在。」

【品曰】

靜中有動，動中有靜，以不變應萬變，禪境即達到動靜高度統一的境界。

佛亦是塵——古尊宿語錄

有個和尚問雲門文偃禪師：「當我掃盡塵土——煩惱，見到佛時又當怎樣？」

雲門禪師說：「這時你見到的佛也是塵土——也是煩惱，請再一次掃除它吧！」

【品曰】有「見」則非真「空」，故尚難見到真佛。

倒一說——古尊宿語錄

有個和尚問雲門文偃禪師：「如果我們把現在的一切事物、心理都排除了，同時也把現在這個時間排除了，那會怎麼樣？」

雲門禪師說：「你這是把『一』倒過來說呵！」

【品曰】禪師最重「目前」。雲門禪師以子之矛，攻子之盾：離開「我」和「現在」，一切都無從談起！

兩段蚯蚓——五燈會元

唐代末期，有個和尚問襄陽延慶山法瑞禪師：「一隻蚯蚓被砍成兩段，兩尾蚯蚓每一尾都在動，那麼原先那隻蚯蚓的佛性在哪一尾中呢？」

延慶禪師並不回答，只是向他張開兩手。

【品曰】

延慶以手示意，意即——「兩手皆動，佛性在何處？」

——佛性在心中，佛性無處不在！

業識茫茫——五燈會元

溈山靈佑禪師問仰山慧寂禪師：「大地上生活的眾生因為靈魂被污染得太嚴重了，不知道自己的佛性和歸宿。你有什麼辦法知道他的『業識』在什麼地方？」

仰山說：「我當然有我的方法。」

這時正有一個和尚走過去，仰山喊了他一聲。那個和尚莫名其妙地回過頭。

仰山對溈山說：「您看，這就是業識茫茫，無本可據嘛！」

【品曰】

「浩浩紅塵裡，頭頭是故人。」只是識「我」、知「我」、忘「我」，不為「我」所累，才能真正超出三界之外。

稱名契悟——五燈會元

良遂去參見麻谷禪師。麻谷看見他來，就拿起鋤頭鋤草。良遂跟到鋤草的地方，麻谷看也不看他，就回到方丈，關上了門。

第二天良遂又去，麻谷仍然把門關上。良遂就敲門。麻谷問：「誰？」回答：「良遂。」剛稱報名字，良遂忽然領悟了，說：「和尚別欺謾我，我如果不來禮拜和尚，差一點被佛典、經論矇騙一輩子。」

麻谷就開門相見。

良遂回到講舍後，對眾人說：「你們知道的我都知道，我所知道的你們不知道。」

【品曰】

自報姓名，突然發現「自我」、認識「自我」，遂致頓悟。

第四部 不立文字

一切事物皆有禪意，皆有深義；
一切都明明白白地「擺」在那裡，何須言語？何須解釋？
心有靈犀一點通。以目去觀察，用心去體悟，
智慧的火光將無聲無息地頻頻閃爍。

拈花微笑——無門關

釋迦牟尼年老時，有一天在靈山會上說法。法會上，他拈起一朵金色的花給大家看。眾人都不知道是什麼意；只有摩訶迦葉破顏微笑。

看到迦葉會心的一笑，世尊說：「我有正法眼藏，涅槃妙心，實相無相，微妙法門。今天我以不立文字、教外別傳的形式傳給摩訶迦葉，你要好好護持。」

所謂正法眼藏云云，就是認識正法的般若眼、涅槃的妙心。實相就「無」的相，微妙法門之意。把這些用不立文字的方式，用教誨之外的另一種形式，託付迦葉尊者。

【品曰】

「心心相印，以心傳心」，這是中華禪門大法最為高妙的傳授方式。

無名是道——神會語錄

鄭璇問神會禪師：「什麼是道？」

神會禪師答：「沒有名稱是道。」

問：「道既然沒有名稱，為什麼稱之為『道』？」

答：「道本身始終不言說，稱之為『道』，只是因為需要回答問題。」

問：「『道』既然是虛設之假名，那麼沒有名稱是真的嗎？」

答：「也不是真的。」

問：「既然沒有名稱也不是真的，那麼又為什麼說沒有名稱是道呢？」

答：「這都是為了回答問題的緣故，才有言詞解說；如果不提問題，那就始終都沒有言說。」

【品曰】

禪道不重言傳，重神會。

世尊良久——碧岩錄

有一外道之人問釋迦牟尼：「我不問可以用語言、文字表達的真理；我也不問不可以用語言、文字表達的真理。」

世尊將如何應對這位外道高人呢？如果開口回答，你是有言，而外道人不問有言；如果不開口回答，那又是無言，同樣落入問者的窠臼。

世尊的表現是：據座良久，在座位上一動不動地坐著，彷彿沒有聽見似的。

【品曰】

世尊這一舉動（據座良久），與「沈默」、「無言」顯然亦不一樣，是一種形體表述，有慧眼者皆可以體悟到，故圓悟和尚對此的評語是「其聲如雷」！

且各合口——景德傳燈錄

有一俗人問惟儼禪師：「本人大事尚未明瞭，求和尚指示。」

惟儼禪師沈默片刻，然後說：「如今我為你說一句並不難，只是你如能立刻領悟，還差不多；如因此而陷入思考，反倒成了我的罪過。不如大家暫且閉上嘴巴，免得互相連累。」

【品目】

禪主張「不立文字」、「心領神會」。惟儼要大家「且各合口」，正是不說之「說」，只看僧人能悟否？

長沙默然不語

葛藤集二七二

三聖命秀首座去問長沙禪師：「南泉死後去了什麼地方？」

長沙聽了秀的提問之後，說道：「石頭和尚還是一位小沙彌時，曾見過六祖慧能。」

秀說：「我問的不是什麼小沙彌，我是問南泉死後到哪裡去了。」

長沙答道：「我也在尋思呢！」

秀首座讚道：「老師如千丈寒松，禪深如海，不是剛抽枝報芽的石筍。」

長沙默默無語。

秀恭敬地說：「謝謝老師賜教。」

長沙依然默默無語。

秀回到三聖那裡作了詳細的彙報。

三聖說：「果真如此，則勝卻臨濟七步。明天我再去檢點檢點！」

第二天，三聖對長沙說：「聽過老師昨日對『南泉死後』的回答，真是曠古絕今，古今未聞，我欽佩至極！」

長沙依然默默無語。

【品目】

此時無聲勝有聲，此時無語勝有語。禪的最高境界便是默悟，進而悟「默」。

道得卻不道——景德傳燈錄

曇晟禪師居住潭州攸縣雲岩山，有一天對大眾說：「有個人家的兒子，問他沒有回答不了的。」

洞山問：「他的屋裡有多少典籍？」

禪師答：「一個字也沒有。」

洞山問：「怎麼有這樣多的知識呢？」

禪師答：「日日夜夜不曾睡過覺。」

洞山問：「問一件事行嗎？」

禪師答：「能說卻不說。」

【品目】

真悟不在典籍，真傳不在言說。

啞子傳信遠——景德傳燈錄

有一僧人問遁儒禪師：「什麼是禪僧的本分事？」

遁儒禪師回答：「十字路口不能通風，啞巴傳來遠方的話語。」

僧人問：「傳來什麼話語？」

禪師合掌敬禮。

【品目】

無聲的「語言」在說：「『自悟』吧！」

我宗無語言——五燈會元

雪峰義存禪師曾問他的老師德山宣鑒禪師：「歷代祖師傳下來的無上佛，不知我有沒有資格學到手？」

德山禪師狠狠打了他一棒，說：「你在說什麼？」

第二天，雪峰又向德山禪師請教。德山禪師說：「禪宗是不講究理論的，也沒有一個具體的方法可以傳授給人。」雪峰義存因此而有所省悟。

【品曰】

「不立文字，拈花微笑。」歷來是禪宗推崇的宗旨，意在令一切參禪者自己領會，以獲得真正的「至悟」。

大士講經——碧岩錄六十七

有一次，梁武帝請善慧菩薩（即傅大士）講『金剛經』。大士在講台上拍了一下驚堂木，就下台了。

梁武帝十分驚詫。

在武帝身邊的志公（即宗教顧問）問道：「皇上，你了解嗎？」

梁武帝說：「不了解。」

志公說：「大士已經講完經了。」

【品曰】

佛、道、禪「不可說」，一說便有偏差；故無法可說，就是說法。

道得三十棒，道不得也三十棒——五燈會元

德山垂示門下僧眾：「道得三十棒，道不得也三十棒。」

說得好、道得妙、問得巧的人，要挨頓揍；說得壞、道得差、問得笨的人，同樣也要挨一頓棒打。

【品曰】

禪的真理是無拘無束的自由，而語言本身就是限制，一說一問就會落入語言的窠臼，發生偏差，故禪門中有「臨濟喝，德山棒」之說。

眼前如盲，口說如啞——五燈會元

龐蘊居士辭別藥山禪師時，藥山派十位禪客送到門口。

居士指著空中的雪說：「好雪！片片不落在別處。」

有個全禪客問：「落在什麼地方？」

居士就打了他一掌。

全禪客說：「也不能草草了事。」

居士說：「這樣的人也稱為禪客，閻羅王不會放過你的！」

全禪客問：「居士怎麼樣呢？」

居士又打他巴掌，說：「眼裡看見就如同瞎子（沒看見），口中說話卻如同啞巴（沒說出）。」

【品目】

如盲如啞，心中澄明；不「說」不「見」，瞭如指掌。

禪師不看經——五燈會元

莊宗皇帝請眾僧在宮內辦齋。他看見高僧們都在讀經，只有休靜禪師及其徒眾不看經。皇帝問：「禪師為什麼不看經？」

禪師回答：「政治和順，無須傳天子命令；時事安寧，不用唱太平歌曲。」

皇帝問：「禪師一個人可以這樣，徒眾為什麼也不看經？」

禪師回答：「獅子的洞窟中沒有其他獸類，大象行走的地方沒有狐狸的蹤跡。」

【品目】

在澄明的空靈中悠悠自悟本性，便是「讀」到了最好的真「經」。

滿瓶傾不出——景德傳燈錄

有人問警玄禪師：「什麼是太陽（警玄師法號）的家風？」

警玄禪師回答：「瓶中滿滿倒不出，大地沒有飢餓人。」

【品日】

瓶滿無聲，禪深無言。

臨濟一句白狀底——本光軒室內

把一部m臨濟錄n的精神概括成一句，你能不能夠？大多數修行者都為之痛苦不已。就是那些後來成為一代宗師，弘揚臨濟禪風的禪師，在參這一公案時，有的苦參得神經不正常，有的常年不出門見天日。

m臨濟錄講話n中說道：「m臨濟錄n始從m上堂n，下至m瞎驢邊滅卻n，說的就只一句話。這一句話道盡了佛陀的一代時教與祖師的一千七百則公案。慧眼之人，你們悟透了嗎？你們說說看，這一句到底是什麼？」

天機不可泄漏，任何一位禪師都避而不談。佛呵，這一句到底是哪一句？

【品曰】

未悟無言，悟透亦不言。無論悟與未悟，真正的答案都在一切參禪者的心底。

鎮海明珠——傳燈錄

懷政和尚問前來參禪的仰山慧寂：「你是哪裡人？」

仰山答道：「我是嶺南人。」

「我聽說嶺南有一顆鎮海的明珠，真的有嗎？」

「是真的。」

「珠子是什麼樣子的？」

「月兒明亮的時候它就出現。」

「帶來了嗎？」

「帶來了。」

懷政欣喜地說：「既然帶來了，為什麼不呈給老僧一賞。」

仰山答道：「以前我在溈山那裡參禪時，他也曾向我求過明珠。我覺得無言可達，也無理可說。」

懷政大笑道：「你是真正的金毛獅子。我今日聽到了地動山搖的獅吼之聲。」

【品曰】

真正的禪無言可達，無法可尋，卻具有驚天動地的威力。

諦觀法王法，法王法如是——碧岩錄九十二

釋迦牟尼有一次登上法座講法。司儀文殊菩薩拍響醒堂木，喝道：「請你們記真觀察法王所說的話。法王的法就是如此。」

——這本來是說法完畢時司儀才講的話。說法還沒開始，可文殊卻宣布法講完了。而釋迦牟尼亦靜靜地離開了說法席。眾僧不禁肅然起敬。

【品目】

從根本意義上說，禪是不可以「言說」的，但可以「洞察」而體悟。我們「看」到了禪，比我們在讀禪、聽禪時更接近真正的禪境。

日裡看山——古尊宿語錄

有位僧人問雲門文偃禪師：「到底佛法的真理是什麼？」

雲門禪師回答：「你看看太陽照耀下的那座大山吧！」

【品目】

「日裡看山」——一切如此清楚、明白，自看（自悟）便是，何須多問！

青天白日尿床——五燈會元

有一僧人問全付禪師：「什麼是正法眼？」

全付禪師回答：「我倒是不知道。」

僧人問：「和尚為什麼不知道？」
禪師答：「總不能青天白日去尿床呵！」

【品曰】

道不可言說；明知故「說」，無異於白日尿床。

且作莫生舉——景德傳燈錄

無逸禪師在初次開堂的時候，登上禪座，沈默片刻，然後對大眾說：「諸位上座，如果是上等根基的人，早就把耳朵掩起來了；中等、下等之流，卻爭著側耳傾聽。儘管如此，我還是不得已而來說說。諸位上座，以後到了別處，如有人問起今天的事，究竟怎樣向他表述呢？如果能夠表述，那就鼓動舌頭去論說；如果不能表述，好像沒有舌頭一樣，那又怎麼辦？」

【品曰】

凡上等根基者，若能表述，則當說「無言」之論；否則，不如三緘其口！

前有什麼話

景德傳燈錄

有一僧人問紹修禪師：「教法中說：須彌山容納芥子，芥子容納須彌山。須彌山是怎樣的？」

紹修禪師回答：「穿破了你的心。」

僧人問：「芥子是怎樣的？」

禪師答：「塞住了你的眼。」

僧人問：「怎樣容納呢？」

禪師說：「把須彌山和芥子拿來。」

僧人又問：「不是有前面的話嗎？」

禪師喝道：「前面有什麼話！」

【品曰】

在禪師的眼中，「巨」「細」無別，「前」「後」無異。窮究細辨，只能斷喝以令其悟矣！

在匣劍——景德傳燈錄

有一僧人問道匡禪師：「什麼是在匣中的劍？」道匡禪師沈默不語。僧人不知所措。

【品曰】

禪師「默然」，不正是在匣之劍嗎？禪道亦如此「劍」。

向汝道即別有也——景德傳燈錄

有一僧人問策真禪師：「怎樣是佛？」策真禪師回答：「我如果回答你，就是另外有佛了。」

【品曰】

佛在各人心中，自心自有佛，返觀自見，無須「互説」，互説則辯！

一箭破三關——碧岩錄

巨良問欽山和尚：「一支箭能破三重關隘，你認為行嗎？」

欽山說：「照你的意思，肯定是把關主射了。你在我面前試試你的箭法吧！」

巨良說：「這麼說是我錯射了！我知道了必改。」

欽山緊追不捨：「你到底想等到何時射呢？」

巨良說：「放是放了一支利箭，偏巧方向不明，沒中標的。」說罷自知禪法尚淺，遂起身欲去。

欽山招呼他：「你過來一下！」

巨良回轉身來。

欽山一把抓住巨良，對他說：「你且把一矢破三關的問題放下，先練好箭法，把我射倒吧！」

巨良剛想開口，欽山舉起禪棒槌了他七棒，說：「我許你今後三十年專門參究這個問題！」

【品曰】

真正參透無須說，一開口便有偏差。故欽山在巨良欲開口時給予「棒喝」！

道楷開悟——五燈會元

道楷在海會院參謁投子（義青）禪師，問：「佛祖的語句如同家常茶飯。除此之外，還有接引學人的門徑嗎？」

投子回答：「你說世間天子下達命令，需要借助堯、舜、禹、湯的名義嗎？」

道楷欲再提問，投子用拂子敲打他的嘴巴，說道：「從你產生了念頭起，早該打三十棒了。」

道楷當即省悟了，向投子拜了兩拜便走。

投子喚道：「回來！」

道楷不回頭，投子說：「你達到不疑惑的地步了嗎？」

道楷立即用手掩住耳朵。

【品曰】
消弭妄念、執迷，乃禪宗要旨。道楷不聞、不問，真開悟也！

無手與無舌人——五燈會元

義懷禪師在方丈裡問僧人：「沒手的人能打拳，沒舌的人會說話。如果沒手的人打沒舌的人，那麼沒舌的人說個什麼？」

【品曰】
無「聲」之語，回敬無「形」之拳，正是禪道之真諦：「虛」與「空」！

貓兒戴紙帽——五燈會元

有一僧人問慧覺禪師：「蓮花還沒出水的時候怎樣？」
慧覺禪師回答：「貓兒戴紙帽。」
僧人又問：「出水之後怎樣？」

禪師答：「狗兒穿靴行。」

【品曰】

「蓮花出水」是禪僧常用的「問頭」（問題）。在得道禪師看來，這些問頭都是虛妄、多餘的，如同「貓兒戴帽」、「狗兒穿靴」般毫無意義。

藏鋒劍客——明覺禪師語錄

上堂說法時，重顯禪師對眾僧說：「如有密藏鋒刃的劍客，就請當眾施展一下吧！」有個僧人剛剛走出來打算說話，禪師就說：「到什麼地方去啦！」說完便下座而去。

【品曰】

視而不見即「見」，祕而不宣即「道」，猶如劍客「藏鋒」。禪機如電光火石，點到即止，稍縱即逝。

早個呈似和尚了——景德傳燈錄

有一次，馬祖派遣智藏到長安去送信給慧忠國師。

國師問：「你的老師說什麼法？」

智藏從東面走到西面去站立。

國師問：「就這個？還有別的嗎？」

智藏又回到東面站立。

國師又問：「這個是馬祖禪師的，你的怎麼樣？」

智藏說：「早就告訴和尚了。」

【品目】

禪歷來注重動作語，以示機鋒，即所謂「不立文字」、「以心傳心」。

落在窠裡——五燈會元

從志禪師提起枕頭對僧人說：「所有的人喚做枕頭，我說不是。」
僧人問：「不知和尚喚做什麼？」
禪師舉起枕頭。
僧人說：「既然這樣，就照您的辦。」
禪師問：「那麼你喚做什麼？」
僧人回答：「枕頭。」
禪師說：「上了我的當啦！」

【品日】

喚做什麼，心中自明，無須分辨與回答。一回答（無論什麼），則必「上當」！

廚寒甑足塵——景德傳燈錄

有一僧人問光慧禪師：「古人說：生也不說，死也不說。是什麼意思？」

光慧禪師沈默不語，僧人禮拜。

禪師問：「領會嗎？」

僧人答：「不領會。」

禪師說：「真是廚房寒冷，甑子上都是灰塵。」

【品曰】

僧人不領會「沈默」之語，只能答非所問，聲東擊西，且看他能悟否？

荔枝滋味——五燈會元

近禮侍者在大慧宗杲禪師那當侍者很久了，但對參禪卻沒有入門。

有一天他進方丈，請大慧禪師開示。

大慧禪師說：「你是福州人，那裡的荔枝最名貴，我以此說個譬喻給你聽。如果我把一種名貴的荔枝皮殼剝了，送到你的口中，但是你卻不知道吞下去。」

近禮聽了，心領神會，不覺笑了出來。

大慧禪師又說：「你就算吞下了這顆荔枝，但是還不知道這顆荔枝的滋味。」

近禮說：「我如果知道，並說出其中的滋味，那反而成了禍事——會引得您老來罵我囉？」

【品曰】

「滋味」到了最深處，便是「妙不可言」，或者是「不必言」、「無須言」——拈花「一笑」即可。

何道理之有——景德傳燈錄

有一天，神晏參見雪峰禪師。雪峰知道他的機緣已經成熟，突然起身抓住他問：「是什麼？」

神晏這時慨然省悟，只是舉手搖動而已。

雪峰問：「你想講述道理嗎？」
神晏回答：「哪裡還有道理？」
雪峰審察他對玄理的省悟，給予了印證和肯定。

【品日】
禪悟的具體情形難以言述，恍然而已。確實「何道理之有！」

要頭截取去——五燈會元

有一僧人問圓禪師：「老師能不能用一句話，讓弟子領悟禪道的真諦呢？」
圓禪師回答：「要腦袋的話，就割去吧！」
僧人又問：「難道沒有更方便之門？」
圓禪師默然無語，把腦袋伸給他。
僧人茫然不知其意。

【品曰】

道可道，非常道。對於喋喋不休的問道愚僧，只能「要命有一條」了。

一斧砍斷巾子山——景德傳燈錄

有一僧問紹禪師說：「不出咽喉、嘴巴的事是怎樣的呢？」

紹禪師說：「等你一斧頭砍斷巾子山，我也不對你說。」

【品曰】

紹禪師雖已開言，但那「事」仍未出「咽喉、嘴巴」——這正是巧妙的不說之「說」！

寂語向上有路在——景德傳燈錄

有一天，義端禪師對大眾說：「話語是誹謗，沈默是欺騙，沈默和話語之上有通向禪的路。老僧的嘴巴小，不能夠對你們說。」

說完就下堂了。

【品目】

義端禪師的話，正妙在「說」與「不說」之間。

萬歲和寶壽

景德傳燈錄

萬歲和尚拜訪，剛見面就鋪開坐具。寶壽立即離開禪座，萬歲就坐在他的禪座上。寶壽很快回方丈去了。過了一會兒，知事來對萬壽說：「堂頭和尚已經關了門啦，請和尚到庫房喝茶。」萬歲就回寺院去了。

第二天，寶壽來回拜。萬歲坐在禪座上。當寶壽鋪開坐具，萬歲也離開禪座。寶壽去坐在禪座上，萬歲就回方丈並關上門。寶壽到侍者房間裡取來木炭，在方丈前撒了三圈，然後回去了。

【品目】

禪宗主張「不立文字」，常採用「形體語言」，以示玄機，至於能否領悟，則全憑

「心照」。

念法華會也——五燈會元

省念在風穴（延沼）禪師法會中擔任知客。

有一天，他站在風穴身旁伺候，風穴流著淚對他說：「真不幸呵！臨濟之道傳到了我這一代將要毀滅啦！」

省念問：「您看這裡的一堂僧眾，難道沒有人能夠接續道法嗎？」

風穴答道：「聰敏的多，識見自性的少。」

省念又問：「我怎樣呢？」

風穴答：「我雖然對你期望已久，但仍然擔心你沈溺於m法華經n之中，不能擺脫出來。」

省念說：「這也是小事，請你講授要點。」

風穴就上堂，舉說當時世尊用青蓮眼環視大眾，就問：「正當這個時候，世尊說的是什麼？如果回答這是不說而說，卻是埋沒了先聖。究竟說的是什麼？」

省念聽罷，就拂袖離開了。風穴扔下拄杖，回到方丈去。

侍者跟在後面問道：「念法華為什麼不回答和尚？」

風穴說：「念法華省悟啦！」

【品目】

世尊「說什麼」，悟者心中自有，何必言說，「一拂袖」足矣！

不用無繩而自縛——五燈會元

善本禪師對眾僧說：「上等根器的人用神聽法，中等的用心聽法，下等的用耳聽法。你們說，此外還有一個人用什麼聽法？」

禪師提起拄杖，敲擊一下禪座，繼續說：「高處也有，低處也有，清泠的圓妙之音遍布宇宙。十方內外，其他什麼也沒有，沒有繩索，不用自己縛自己。」

【品目】

徹悟之人「不聽」法，身心俱已融於「法」中。

臨終示機——景德傳燈錄

元和丁亥年（八〇七）四月，道悟禪師病了，命弟子預先告知信士即將逝世。

到了月底，大眾來問候病情，禪師突然召喚典座。典座走上前來。

禪師問：「領會嗎？」

典座答：「不領會。」

禪師拿起枕頭拋在地上，就去世了。

【品曰】

禪宗示機，往往玄不可測，唯有令弟子自悟。

道悟禪師臨終拋枕，可謂作最後一次說「法」。

智不到處——五燈會元

南泉禪師一次考驗道吾宗智禪師說：「你叫什麼名字？」

道吾禪師回答：「我叫宗智。」

南泉禪師又問：「那麼智慧達不到的地方，你又怎樣去宗仰呢？」

道吾禪師回答：「最忌諱的是把它說得既清楚又明白。因為說明白了，這個宗仰就不是宗仰了。」

【品曰】

事物本身遠比道理更為明白。「觀察」它，「感受」它，把它「印」在心中，比一切語言更為明白。

怕爛卻那

五燈會元

有一僧人問西堂智藏禪師：「有問有答的事我見得多，也不想聽了。今天來請教您，就是我不提問，你也不要回答，這樣您認為該怎麼辦呢？」

西堂瞪了那個僧人一眼：「肚皮裡可問可答的東西應有盡有，不說出來，還怕爛在肚子裡嗎？」

百丈禪師聽到此事，感慨地說：「多少年來我都覺得這個師兄有名堂。」

【品目】

禪並非絕對「不立文字」、「無須言語」。欲説則説，不説則默，平凡自然即最合禪道。

傳語西堂——五燈會元

懷海禪師對眾僧說：「我要派一個人去傳話給西堂，誰能去？」
五峰說：「我去。」
禪師問：「你怎樣傳話？」
五峰回答：「等見了西堂便說。」
禪師問：「見了說什麼？」
五峰答：「回來告訴您。」

【品目】

那始終沒説出的話，也許無法用語言表達，也許無須用語言表達。

如蟲銜木

五燈會元

溈山靈佑禪師開悟的第二天，同百丈禪師上山勞動。

百丈禪師問他：「你帶了火種沒有？」

溈山說：「帶了。」

百丈禪師說：「在哪裡？」

溈山於是拾了一枝柴，用嘴如吹火似地吹了兩下，交給百丈禪師。

百丈禪師讚許說：「你對道的領會，真如鑽到木頭裡去的蟲一樣，深透入心呵！」

【品曰】

禪到精深處，只可意會，不可言傳。

在常人視為怪悖的言行，禪者則「心有靈犀一點通」。

古人方便——五燈會元

文益禪師被僧俗推戴為九江崇壽院方丈。在他開堂升座的儀式上，領隊和尚說：「僧俗人等都到齊了，請方丈和尚為大家說法吧！」

文益禪師站了很久才說：「大家既然都在這裡，我也不能不說幾句。我且在這裡給大家演示一下歷代祖師們得道、傳法的方便法門——還望各位留意！」說罷，便離席而去了。

【品曰】

無言勝有言，少言勝多言。

沈默是金，沈默是禪。

羅漢家風——五燈會元

有個和尚問羅漢桂琛禪師：「您老人家的家風是什麼？」

桂琛說：「我不告訴你。」
這個和尚說：「你為什麼不告訴我？」
桂琛說：「這正是我的家風！」

【品曰】
「語言」所述，終如水中月、鏡中花；因此，「不告」才是真正而準確的「告」。其「家風」，不正是「禪風」嗎？

證龜成鱉——五燈會元

北宋初年，青城山香林澄遠禪師是雲門文偃禪師的得意弟子。
有一個和尚問他：「什麼是屋子裡的那盞燈——破除愚昧的智慧之光呢？」
香林禪師說：「三個人傳來傳去，烏龜都會被說成鱉。」

【品曰】
「言傳」總難免偏離禪境，「心領」才能真「悟」。

兔角牛角——五燈會元

有個和尚問曹山本寂禪師：「我們這個心就是佛的道理，我不問。但什麼是『不是心、不是佛』的道理呢？」

曹山說：「對於兔角，用不著去證明它沒有——因為本來就沒有；對於牛角，用不著去證明它——因為本來就有。」

【品曰】

對於禪者來說，一切都明明白白地擺在那裡，任何「證明」都毫無意義。

第五部 自家寶藏

禪遠在天邊，近在眼前；可貴的珍寶就在自家懷裡。
切莫「貪看天上月，反失掌上珠。」求禪問道，
又何須「眾裡尋他千百度」，只須「驀然回首」！

如何是玄旨——五燈會元

有個和尚問歸宗智常禪師：「什麼是佛法中的妙理？」

歸宗說：「佛教的妙理，是沒有人能夠理會的。」

這個和尚又問：「那麼我努力去研究、追求它，行嗎？」

歸宗說：「你去研究、追求，反而錯了，那是找不到方向的。」

和尚又問：「那麼不去研究、追求，行嗎？」

歸宗禪師反問道：「到底是誰在追求佛法的妙理呢？」又說：「你別老這樣想了。要知道，真正的佛法妙理是無須去研究、追求的。」

【品目】

當禪就在你的口袋裡時，何苦跋山涉水，苦苦覓求！

吹燈見明——五燈會元

德山宣鑒禪師在澧州龍潭崇信禪師那裡學禪。

有一天晚上，他在龍潭禪師的方丈室裡伺候時，龍潭禪師說：「天已很晚了，你回去休息吧！」

德山便向老師告辭出門，但他很快又返回來說：「外面太黑了，看不清路。」

龍潭禪師於是點了一支蠟燭遞給德山。德山待接，龍潭卻忽然把蠟燭吹滅了。

德山於是頓然領悟。

【品日】

禪如「燭」，需要「自己」去「點亮」，一切「黑暗」才真正不復存在。

德山有所感悟，說明他的「燭」已開始閃出自己的「火光」了。

拋真金，拾瓦礫——景德傳燈錄

有位僧人問慧宗禪師：「請師父告訴我修行求佛的方式如何？」

慧宗禪師回答：「為什麼要扔掉真金，卻去撿拾瓦片、碎石呢？」

【品曰】

真金乃自家「本心」，識得便開採不盡；徒求外在形式，不過是拾人瓦礫而已。

常圓之月——景德傳燈錄

玄則禪師對僧眾說：「諸位上座全都擁有常圓的月亮，各自都藏存著無價之寶。只是月亮被阻擋在雲霧中，雖然明亮而不照耀；智慧被遮隱在迷惑裡，雖然真實而不通靈。沒事了，諸位站久啦！」

【品曰】
各自珍寶，各自珍藏，各自珍重！

南泉賣身——五燈會元

南泉禪師在一次法會上說：「我今天要把我賣出去了，不知道有沒有人肯買？」
一位和尚站出來說：「那我去把您老買了吧！」
南泉禪師說：「價錢給高了我不賣，價錢給低了我也不賣。那你又怎麼買法？」
這個和尚不知如何回答。

【品曰】
對於無價之物，識者分文不取，不識者萬金不賣。

自家寶藏——五燈會元

大珠慧海禪師最初向馬祖請教時，馬祖問他：「你從什麼地方來？」

大珠說：「我從越州大雲寺來。」

馬祖又問：「你到這兒來準備幹什麼？」

大珠說：「我到您這兒來是為了得到佛法的真理。」

馬祖說：「我這裡什麼都沒有，哪有什麼佛法可以傳授給你？你自己身上就帶有一個大寶藏，卻在外面乞討幹什麼！」

大珠問：「我的寶藏是什麼？」

馬祖說：「就是我現在提問的『那個』，明白了，便是你無盡的寶藏。」

大珠當即省悟，認識到了自己的本心。

【品曰】

每人都有自家的「寶藏」，就在足下，就在心中，切勿視而不見哪！

求佛失佛——臨濟語錄

一次，義玄禪師對僧眾說：「如果有人去求佛，那麼他反失去了佛；如果有人去求道，那麼他便失去了道；如果有人求祖師，那麼他就失去了祖師。不要欣賞什麼辯才超群，口若懸河。學道者，即使能夠解說百經，也不如一個無事的師僧。」

【品曰】

「求」便是執著、迷妄，便偏離了禪師，南轅而北轍，所求必「失」。故「不求」倒是真「求」。

捨父逃走——五燈會元

神秀大師曾有偈語曉示大眾：「一切佛法，自心本來具有。如果費心向外尋求，便像拋棄父親而逃走。」

【品曰】

學禪者，切莫誤入歧途，成為禪的「逆子」呵！

識道與居山

永嘉集

玄覺禪師曾對眾僧說：「應該先識道，然後才隱居山中。如果尚未識道而先居山中，那麼只看見了山，必定忘了道。如果未居山中而先識道，那麼只看見道，必定忘了山。忘了山，道之性可怡養心神；而忘了道，則山之形能眩惑眼目。因此見道忘山的人，即便處於人群裡，也是寂靜的；見山忘道的人，縱然隱居山中，也是喧鬧的。

【品日】

有兩句成語：「大隱隱於市」、「心靜自然涼」，頗合此則禪義。

九十六轉語

五燈會元

洞山良价禪師向僧眾出了一個問題。甲和尚連續回答了九十六次，都沒有答對；直到第九十七次回答時，洞山祖師才深感滿意，大為讚賞。

此時屋外有個乙和尚一直在偷聽，但恰恰未聽清最後那個回答。於是乙和尚後來糾纏了甲和尚三年，始終要討教那個回答；直到後來用刀相威逼，甲和尚才告訴了他。那句話是：「即便將來，也是如此。」

乙和尚聽後，頓有領悟，不禁合掌禮謝。

【品曰】

真理的終極處是最平凡。通俗的。佛曰：不必苦苦尋求「將來」，且從「現在」起，始終保持一顆平靜、安寧的心吧！

足下生煙——景德傳燈錄

道全和尚問洞山良价禪師：「脫離塵世煩惱的關鍵是什麼？」

洞山回答：「關鍵在你腳下生出煙霧。」

道全當下領悟，再也不遊歷其他地方了。

【品曰】

超塵脱俗之道就在本人足下，何須四方奔求？

北斗裡藏身——古尊宿語錄

有個和尚問雲門文偃禪師：「怎樣才能在語言上表明自己已經修煉成不生不滅，與佛同在的這個法身呢？」

雲門禪師回答：「法身是無處不在的。你能把你的身體藏到北斗七星中去嗎？」

【品曰】

法身（即「涅槃」）已回復到宇宙本源，乃佛之最高境界。達之則無處不在，何須藏入「北斗」之中！

鬧市靜槌——五燈會元

有一僧人問歸省禪師：「自己大事（自性、自心）未明，用什麼來勘驗？」

歸省禪師回答：「在鬧市裡敲擊無聲的棒槌。」

僧人問：「這是什麼意思？」

禪師答：「白日陽光下點燈。」

【品曰】

己事未明，唯有自悟自驗。捨此，一切皆屬徒然。

一時放卻——續傳燈錄

上堂時，彌光禪師對眾僧說：「夢裡幻影、空中虛花，何必當作實物？得失之念、是非之辨，都一齊拋掉吧！」

禪師扔下拂子說：「如今山僧已經拋掉啦！你們各位又怎麼辦？」接著又喚：「侍者，把拂子撿起來。」

【品曰】

「拋」與「拾」，已無差別，一切自然；回歸現實，才是真「拋」。

自己一段大事——宏智禪師廣錄

正覺禪師上堂對眾僧說：「諸佛講說道法，只是用黃葉哄騙小孩別哭，祖師傳接宗旨，也不過是空拳相威嚇。到這裡必須自己休歇，自己覺悟，自己明瞭。佛是各人自己當的，法不是別人傳付的。如果能這樣，才是大丈夫、真禪僧，成就了自己的一樁大事。諸位兄弟，究竟怎樣才能夠平平穩穩的呢？只待雪消冰融，自然春到來。

【品曰】

冰雪消融，水到渠成。漸悟、頓悟，莫不如此！

我不患聾——景德傳燈錄

有一僧人問從展禪師：「如欲達沒有生死之境，就須認識本源。什麼是本源？」

從展禪師沈默了片刻，卻問侍者：「剛才僧人問什麼？」

那僧人再問了一遍，禪師就吆喝著趕他出去，說：「我不是聾子！」

【品曰】

本源自在心中，問個不已，猶如捧金碗討飯，豈能不遭喝！

丹霞安名——五燈會元

丹霞前往江西參謁馬祖。但他卻沒有先到方丈處禮拜，而是直闖僧堂，爬到一尊羅漢塑像的頸上坐起來。

這一舉動引起僧眾的極大驚恐，急忙向馬祖稟報。

馬祖聞訊出來一看，欣然讚揚丹霞這一超越常軌的舉動，說：「真是我的好弟子，舉動竟然這樣天真自然！」

丹霞聽後，立即從羅漢頸上跳下來，向馬祖禮拜說：「謝謝師父為我取的法號。」

從此之後，丹霞便自名「天然」。

【品曰】

禪尊崇「隨機」與「自然」，即便有「超常」情態，亦是一種變化了形態的「正常」！真禪者每每慧眼識之，給世人留下種種特殊的啓迪。

不被境惑——五燈會元

有個和尚問藥山禪師：「怎樣才能不被各種外部環境所迷惑？」

藥山禪師說；「外部環境與你何干？它怎麼能妨礙你？」

這位和尚說：「這正是我弄不懂的地方啊！」

藥山禪師說：「原來，還是你自己迷惑了自己！」

【品曰】

主客觀之間的矛盾，是我們困惑、苦惱的根源。說到底，外部的客觀環境是永恆不變的，真正困惑我的，是自身的「主觀」世界。如何「破除」它？——放下掛礙，安頓身心！

好個悟路——景德傳燈錄

參佛之日，四方民眾男男女女進入寺院，淨慧（文益）禪師問道潛：「戒律中說：

隔著牆壁聽到釵釧的聲音，就是破戒。現在看到戴金插銀，穿朱披紫，紛然合集，是破戒不破戒呢？」

道潛回答：「好一條悟人之路！」

淨慧說：「你今後必為大器！」

【品曰】

禪僧無視戒律的表面形式，正是進入悟道的更高境界！

吞卻乾坤——碧岩錄

雲門和尚手持禪杖，對眾弟子說：「我把這禪杖化為龍，將天地都吞沒了，山河大地從何而得？」所謂禪杖化為龍，代指有限歸於無限，個體統一於全體。意同「一人發真歸於源，十方虛空悉消隕。」杖化為龍，吞併天地，人歸真返源時，十方空虛就全消失了。可是，呈現在我們面前、巍然不動的山河大地又從何而得？有限一旦歸於無限，無限的整體反通過有限的個體展現在我們面前。如果沒了自我，一切都變成了自我。

【品日】

此即「證一方，一方暗。」化成龍，則天地無。有了山河大地，龍就會消隱。龍與天地是如一不二的。對我們來說，首先是要化成龍。

作者好求無病藥——碧岩錄

麻谷去拜訪師兄章敬和尚，繞著章敬走了三圈，拄杖而立。章敬招呼他說：「你好啊！」

麻谷無動於衷。

另一位師兄南泉對麻谷的傲氣看不過去，搖搖頭說：「不佳，不佳！」

雪竇對此評述道：「古策高風十二門，門門有路空蕭索。不蕭索，作者好求無病藥。」古策即禪杖，是禪之真理的象徵。通常禪杖杖頭繫著十二只金環，喻示超越時空，時時皆通、處處皆達的空門。

【品日】

真正的禪者當求無病藥，從只濟自己、缺乏活路的死人禪中超脫出來。

君王之寶——古尊宿語錄

五代後唐莊宗皇帝巡視河北時，把興化存獎禪師召來問話。他說：「我征服了整個中原地區，得到了一個寶貝，可惜無人肯出價錢來買。」

興化禪師說：「那就請皇上把這個寶亮出來讓我看看。」

莊宗皇帝於是用兩手把頭巾張開，並從頭到腳做了一個包裹全身的動作。

興化禪師說：「這是至尊至貴的帝王之寶，誰又敢出價錢來買呢？」

【品目】

君王自認為是世間之寶，自然無人敢於出價；其實「人」之寶，人皆「有」，各各有別，也是無人可以「買」到的。

從鑰匙孔進屋——古今公案

世尊死後，他的高徒迦葉尊者擔心釋氏生前的教誨失傳，就在七葉窟召集五百餘人的羅漢大會，總結編集釋迦牟尼的言行語錄。叫他們為難的是有「多聞第一」（聽釋氏說法次數最多）的世尊侍僧阿難這時還沒有悟道，照規定他不可以參加會議。當然虔誠的阿難還是哭著乞求迦葉允許他參加大會。於是迦葉對阿難說：「未悟之人是不能入室議事的。如果你實在要進來，就從鑰匙孔進來好了。」阿難一夜未寢，力思大佛之法。第二天，他就堂堂正正進入會堂議事了。在場的人，包括迦葉在內，誰也沒有責斥他。

【品曰】

「法本自然」，其落落大方的坦然舉止，正是他悟道的起點。

蛤蜊說法——五燈會元

唐文宗特別愛吃蛤蜊，沿海官吏預先送進宮中，頗為辛勞。有一天，文宗吃飯時，一只蛤蜊剝不開。文宗感到奇怪，即焚香祈禱，才打開蛤蜊，卻發現蛤蜊肉極像西天菩薩之相，形態儀表，細微逼真。文宗便用一只盒子存放這只蛤蜊，放入桂花、檀香，外面蓋上美麗的絲錦，送給興善寺，讓眾僧瞻仰禮拜。

文宗問群臣：「這是什麼吉祥之兆？」

有位臣子說，太一山惟政禪師深通佛法，博聞強記，不如請他來問問看。

文宗便下詔邀請。禪師來了之後，文宗便問起此事。禪師說：「物象的出現都和人事相對應，蛤蜊菩薩是來啟發陛下信佛之心的。這也符合佛經所說的：如果某物應該由這種身形獲得超度，菩薩也便化成這種身形，來為它說法。」

文宗說：「菩薩身形已經出現，但還沒有聽到他說法。」

禪師說：「陛下把這件事看成是平常的呢，還是不平常？相信呢，還是不信？」

文宗答：「這可是件稀奇的事，我深信不疑。」

禪師說：「陛下已經聽完菩薩的說法。」

文宗於是感到了前所未有的高興。

【品曰】

所謂「感悟」，乃有「感」便有「悟」，萬物皆有「法」也，只恐冥頑不靈，視而不見。

我狂欲醒——五燈會元

以前和智岩禪師一同從軍的兩個人，聽說智岩隱居，便一起進山找他。見面之後，就對智岩說：「郎將你發狂了嗎？怎麼住在這裡？」

智岩回答：「我以前發狂，今將清醒。而你們的狂病正在發作。沉湎聲色，貪受榮寵，陷於生死輪迴之中，怎麼能自拔呢？」

那兩個人有所感悟，歎息著離開了。

【品目】

悟禪如醒酒，明眼看世界。不過，真正的遁避，未必要藏入深山，內心便是容納一切的深峰幽谷。

如何成佛——祖堂集

王詠的門徒志新問：「怎樣才能成佛？」

慧忠禪師回答：「把佛與眾生一起放棄，當場就能解脫。」
志新又問：「怎樣才能契合佛教義旨？」
禪師回答：「善和惡都別去思量，自然能見佛性。」

【品曰】
擺脫了佛與眾生、善與惡等二分法思維的束縛，才能進入自由自在的禪道境界。

虛空不眨眼——祖堂集

肅宗皇帝向慧忠禪師問候時，禪師不看皇帝。
皇帝說：「我是一國天子，大師怎麼連看也不看我一眼？」
禪師問：「皇帝看到眼前的虛空嗎？」
皇帝答：「看到。」
禪師又問：「虛空可曾對陛下眨眼？」

【品曰】

慧忠禪師視自身為虛空。

不會不疑——祖堂集

有一僧人問玄素禪師：「什麼是祖師西來的旨意？」

玄素禪師回答說：「雖不領會，亦不疑惑——即是不用領會不疑惑的，不用懷疑不領會的。」

【品曰】

不領會，不疑惑，處於超然狀態，禪者心中一切明澄。

姓非常性——祖堂集

有一天，道信禪師在黃梅的路上看到一個小孩（即弘忍），年僅七歲，出語奇特。禪師便問這個孩子：「你姓什麼？」

孩子回答說：「我的姓不是通常的姓。」
禪師問：「那是什麼姓？」
孩子回答：「是佛性。」
禪師問：「你沒有姓嗎？」
孩子答道：「是的，因為自性空寂。」
禪師對身邊的人說：「這個孩子非同常人。我滅度之後二十年中，他將大張旗鼓地弘揚佛教。」

【品目】

以佛「性」為自「姓」，自有慧根，終成為禪宗五祖，亦必然也。

真佛無形，真法無相——臨濟錄

一次，義玄禪師對僧眾說：「各位學道者！真正的佛沒有形貌，真實的事務沒有相狀。你們如在虛幻的事物上做這做那，即使求到了，也都是野狐禪，並不是真佛，而是外道的見解。至於真正的學道者，並不求取佛，不求取菩薩、羅漢，不求取三界美好之物。什麼也沒有，獨自超脫，不與外物相拘繫。哪怕乾坤倒覆，也絕不疑。即使十方諸佛就在眼前，也沒有一念歡喜；即使三途地獄頓時出現，也沒有一念恐怖。」

【品日】

萬物都是空幻之相，變化就有，不變就無。所謂三界，都從心念而起，萬千事物，全由識別而生，所以是夢裡幻影、空中虛花，何必去苦苦求取？

至人獨照——五燈會元

惟則初次謁見慧忠禪師，便大悟禪宗旨義，於是說：「天和地並非實際存在，物和我也非實際存在，卻未嘗不是實際存在。既然這樣，那聖人和百姓也便如影似夢，哪兒還有生和死？佛因此而獨具慧眼，能夠成為萬物之王，我懂得其中的道理了。」

【品日】

禪者超然物外，世間的一切皆澄明而無差別。

自在——景德傳燈錄

有一僧人問道閑禪師：「如果前面是萬丈深淵，後面有虎狼獅豹，請問這種時候該怎麼辦？」

道子禪師回答：「自在。」

【品日】

禪理主張「適性」，一切泰然，處變不驚，否則非禪。

道在目前——五燈會元

有一僧人問惟寬禪師：「道在何處？」

惟寬禪師說：「就在眼前。」

僧人又問：「我怎麼看不見？」

禪師說：「你因為有『我』的緣故，所以看不見。」

僧人又問：「因為我有『我』的緣故，看不見『道』，那麼和尚您是否看得見？」
禪師答：「有『你』有『我』，更加看不見。」
僧人不悟，又問：「如果沒有『你』，沒有『我』，是否看得見？」
禪師答：「沒有『你』，沒有『我』，誰還去追求看見呢？」

【品日】
執迷於「你」、「我」，是悟的障礙，執迷於「無」、「見」，也同樣是障礙。真「無見」，乃能自「見」也。

恐污染——大慧語錄

大慧宗杲禪師問一僧人：「道不用參修，但不能污染。那麼，什麼是不污染的道？」
僧人回答：「我不敢說。」
禪師問：「你為什麼不敢說？」
僧人說：「恐怕污染了道。」
禪師於是高喊：「侍者，快將畚箕、苕帚拿來！」

僧人茫然不知所措，禪師便將他打了出去。

【品日】恐怕污染，即是執者於「怕」，本身就是妄念，是污染，故遭禪師斥喝棒打。

永字八法——五燈會元

有個秀才拜訪陳尊宿，自稱懂得二十四家書法藝術。

陳尊宿用禪杖在空中點了一下，問秀才：「你懂不懂？」

這個秀才感到莫名其妙。

陳尊宿說：「你說你懂二十四家書法，卻連永字八法也不識！」

【品日】最熟悉的往往是最陌生的，「精於彼反疏於彼」。陳尊宿禪杖的一「點」，點明的正是這個道理。

第六部 自渡渡人

駕一葉扁舟，渡向禪的彼岸，只是小我的超越；
偕眾生一同前往，才是大我的解放。
且讓菩提的靈光，從心靈的一隅，
遼闊地輻射，普照大地。

當自開眼——慧南語錄

慧南禪師說：「未登上此座，一件事也沒有；才登上此座，就有這麼多問答。請問大眾，這樣一問一答，就是宗門教義嗎？如果說是，那麼佛教經典之中難道沒有問答？為什麼還要說在教典之外另行傳承，並且要傳付給上等根器之人？如果說不是，那麼剛才這麼多問答，圖個什麼？行腳人應該自己張開眼睛細看，別造成日後的悔恨。剛說到三世諸佛也只說自心了知，整個教典也解說不到。所以靈山會上有成千上萬的聽眾，只讓迦葉一人親自聽到。黃梅（五祖弘忍）席下有七百高僧，衣鉢只傳盧行者（六祖慧能）一個。難道像你們這樣，執迷於貪淫愚癡，以爭勝負為本領？作為出家人，應該具有大丈夫決烈之志，截斷兩頭，歸家穩坐，然後大開門戶，運出自己家財，接待往來，救濟孤獨無依和無家可歸之人，這樣才能稍許報答佛的深恩。如果不這樣，就一無是處。」說完用拂子敲擊一下禪座，就下座了。

【品目】

「歸家穩坐」，返觀自性；「大開門戶」，接待往來——正是禪宗「自渡、渡人」，由淺入深的參禪之途。

自了漢——五燈會元

希運禪師在遊天台山時遇到一位僧人，談笑之中，如逢故人，於是一路同行。當時正值澗水暴漲，攔住去路。僧人對希運說：「你若要過去，只有自渡了。」說罷挽起褲腳，踏波而去，如履平地，到達彼岸時回過頭來喚希運：「渡過來，渡過來！」希運說：「嘿，這個只顧自己的傢伙！早知如此，真該砍了你的腳！」僧人歎道：「真是大乘法器呵，我自愧不如！」說罷便不見了。

【品曰】

自渡只是小我的超越，渡人才是眾生的解放。

作龍上天，作蛇入草——碧岩錄

仙涯和尚在博多任住持時，德行高潔，學僧甚多。

僧徒中有一位名叫湛元的弟子，時常偷偷爬過院牆，到城中的花街柳巷去遊樂。一來二去，寺內的眾僧無人不知，並且傳到了老師仙涯的耳中。大家本以為會把湛元逐出山門，可仙涯只應了一句：「哦，是嗎？」便不再言語。

一個大雪紛飛的冬夜，湛元拿了一個洗臉盆扣翻墊腳，又爬牆出去遊玩了。仙涯知道後，就把那個盆子挪開，自己在放盆子的地方坐禪。雪片覆滿了仙涯全身，寒氣浸透了仙涯的筋骨。

拂曉時分，湛元回來了。他用腳踩在原來放盆子的地方，發現踩的東西軟綿綿的，跳下地一看，原來是滿身雪花的老師，不覺大吃一驚。

仙涯說：「清晨天氣很冷，快點去睡吧，小心著了涼。」說完，自己像沒事人似的回到方丈裡去了。

【品曰】

「師傅領進門，修行在各人。」成「龍」成「蛇」亦是如此。以高潔的德行（而不是言語）濟渡眾生，正是禪者的「大境界」。

瞬目視伊——五燈會元

仰山慧寂去探望並考查香嚴智閑時，香嚴雖然通過多種方式表達了對禪的看法，但仰山仍然不予認可。

於是香嚴再一次說：「我心裡有那麼一種意趣，眨眨眼睛，看你一下，你如果不懂這個意趣，那你就不是出家學佛的沙彌。」

仰山便向溈山禪師回答說：「太為智閑師弟高興了，他已經領會了祖師們所表達的禪境了。」

【品目】

以眼傳心，心領神會，智閑確悟禪機！

這個是什麼標——五燈會元

雲知禪師上堂說：「日月雲霞是天的標誌，山川草木是地的標誌，招賢納士是有德的標誌，閑居清寂是得道的標誌。」禪師提起拄杖問：「說說看，這個是什麼標誌？領會嗎？提起來就有文有彩，放下去就粗陋毛糙。假使不提起不放下，又怎樣呢？」沈默了一會兒，禪師又說：「攙扶著走過河上已斷之橋，陪伴著回到沒有月亮的村莊。」

【品曰】

無橋之河，禪心可渡；無月之村，禪心可照。禪心無標誌，不必提起，無須放下，觀心返照，時在目前。

依舊可憐生

五燈會元

承皓禪師遷往玉泉，有一次對大眾說：「一夜雨澎澎，打倒葡萄棚。知事頭首，行在僕役，頂的頂，撐的撐，撐撐頂頂，直到天明，依然是怪可憐的。」

【品曰】

參禪在機緣自悟，自然而然，水到渠成。「撐撐頂頂」（執迷），只不過是徒勞無功，枉擔了「僧人」虛名！

磨磚作鏡

景德傳燈錄

開元年（七一三～七四一）中，有個叫道一的僧人住在傳法院，整天坐禪。懷讓禪師知道他具有佛法才器，就去問他：「大德坐禪謀求什麼？」

道一答：「謀求作佛。」

禪師就拿了一塊磚頭，在庵前的石上磨起來。道一問：「禪師做什麼？」

禪師答：「磨作鏡子。」

道一說：「磨磚怎能成鏡呢？」

禪師說：「既然磨磚不能成鏡，那麼坐禪怎能成佛？」

道一問：「怎麼做才正確？」

禪師說：「好比有個人駕車，車不前進，應該打車呢，還是打牛？」

道一無法回答。

禪師又說：「你學習坐禪，還是學習坐佛？如果學坐禪，禪並不是坐或臥，如果學坐佛，佛也沒有固定的相狀。事物變化不定，不應有所取捨。你行坐佛，就是殺佛，如果執著於坐相，是達不到真理的。」

道一聽了這番教誨，如飲醍醐般地清醒了。

【品曰】

磨磚無法成鏡，緣木豈能求魚？學禪如只具形式，靜坐永難「入境」。

自看自靜——祖堂集

崛多禪師遊歷到太原定襄縣歷村，看見神秀大師的弟子結草為庵，獨自坐禪。

禪師問：「幹什麼？」

僧人回答：「探尋清靜。」

禪師問：「探尋者是何人？清靜又是何物？」

該僧便起立禮拜，問：「這話是什麼意思？請您指點。」

禪師問：「何不探尋自心，何不自心清靜？」

僧無言以對。

禪師見他根性遲鈍，便問：「你的老師是誰？」

僧人回答：「神秀和尚。」

禪師問：「你的老師只教這種方法，還是另有他法？」

僧人回答：「只教我探尋清靜。」

禪師說：「西方低劣的外道修行方法，這裡卻以為是禪宗，真是誤人不淺！」

該僧問：「法師您的老師是誰？」

禪師答：「六祖。」又說：「真正的禪法難以聽到，你何不到他那裡去？」

該僧聽了禪師的訓導和提醒，便去曹溪參見六祖慧能，並敘說了上面的事。

六祖說：「確實如崛多所說，你何不探尋自心，何不自心清靜？否則，讓誰來使你清靜？」

僧人聽後，當即有悟。

【品日】

神秀開創的北宗禪和慧能開創的南宗禪，其重要差別在於：前者坐禪靜思，長期修習；後者直指人心，見性成佛。

不成佛——無門關九

興陽山的清讓和尚是芭蕉清禪師的法嗣。有一次，參學僧問他：「m法華經・化城喻品n中記載過，大通智勝佛坐道場，打坐，參禪，辦理佛事達十劫之久，還沒有成佛。這是為什麼？」

清讓道：「你問到了點子上。」

僧人又問：「佛久在道場參禪理事，就應該成佛，這是當然的事，為什麼卻沒有成佛呢？」

清讓答道：「那是因為他不成佛。」

臨濟對此評點道：「佛不成佛。」

無門則謂：「既然是心身俱已了達的神仙，幹嘛還要封侯拜爵呢？」

【品曰】

出於大悲之心，在尚未全部濟渡眾生之前，禪者絕不自身成佛。

如世良馬，見鞭影而行——無門關卅二

有人問世尊：「不問有言，不問無言。」其意是超越有無相對的真實禪境是什麼。世尊默默地坐了許久。

問者讚歎道：「多謝佛祖！你大慈大悲，開我迷雲，令我得入禪悟之境。」說罷瀟灑而去。

侍者阿難問釋迦牟尼：「他到底悟到了什麼？」

世尊答道：「世上的駿馬只要看到了鞭影，不用揚鞭就會飛蹄而行的。」

【品曰】

馬有見鞭影而馳、隨御者之意的良馬，也有必須抓毛、觸肉或者狠抽一鞭才有所行動的馬。人也一樣，有鈍有利。悟道又何嘗不如此。

馬祖一喝，三日耳聾

葛藤集一八二

百丈懷海一日站在恩祖馬祖身旁，看到老師總目不轉睛地盯著禪床邊上的拂子。百丈想替馬祖去拿來。見此情形，馬祖搶先一步，自己把拂子拿到手中，傲然兀立。

百丈問馬祖：「這是教化眾生，還是不教化眾生？」

馬祖於是把拂子放回原處。

百丈又站了片刻。馬祖問他：「你今後如何與人為善，方便眾生？」

百丈取來拂子舉示。馬祖又問：「這是教化眾生，還是不教化眾生？」

百丈又把拂子放回原處。

這時，馬祖大師振威顯勢地大喝一聲。

百丈當場大悟。

日後，他對弟子黃檗說：「我當時挨了馬祖一喝，直弄得三天內耳朵聽不見聲音。」

黃檗不禁聞之吐舌。

【品目】

聲如洪雷，復歸於寂。

超佛越祖之談——碧岩錄七十七

有一位僧人向雲門和尚請教：「所謂超越佛陀、超越祖師之論，到底指什麼？」這位狂僧自以為有超越佛祖之功力，實際上越是這麼說，越是功力淺薄，被表面現象所束縛。

雲門的回答巧妙至極：「是胡麻餅。」

圓悟和尚評經時說：「要是我，就說那是驢屎馬糞。」

自以為達了捨棄佛見（囚囿於佛義的見解）與法見（拘泥於法義的見解）的僧中至高無上的佛之上境界，至多僅是一種形式上、表演式的膚淺之見，根本無濟於事。

天桂和尚在指導學生參學「善渡幽靈」公案時，學生隨即扮出一副幽靈的樣子。天桂搖搖頭笑道：「你就一直這樣裝神弄鬼吧！」

【品目】

表面的膚淺之見，不但無法普濟眾生，甚至連自身都難保。己亦不救，何濟於他？

不道無禪，只道無師——碧岩錄十一

黃檗和尚訓斥眾僧道：「你們這些酒囊飯袋，專揀他人講過的東西來嚼；眼前放著佛性的清酒，卻視而不見，置之不飲。你們這樣去行腳，到什麼地方也別想徹悟。以老僧看來，大唐國內四百餘州，沒有一位真正的禪師。」

這時，有一位僧客出列問道：「那麼，那些到處構築道場、指教雲水的諸方師家，到底算什麼呢？」

黃檗也不避讓，只是婉轉地說道：「我說的不是無禪，只是無師。」

【品目】

表面看來，黃檗的言語前後矛盾，虎頭蛇尾。其實，在禪者眼中，這是「不風流處的風流」。

未曾瞎卻一僧眼——景德傳燈錄

有一僧人對如寶禪師說：「弟子進入禪寺，整個夏季將要結束，還沒有得到和尚的指教，請您接引。」

如寶禪師推開僧人，說：「老僧從住持以來，從沒有使一個僧人瞎了眼。」

【品曰】

如寶禪師推開那個僧人，即意在示機接引（禪不在「指教」，須憑感悟）。且看僧人是否「瞎」眼！

成佛作祖——古尊宿語錄

朝廷派駐鎮州的王常侍拜訪臨濟禪師時，與臨濟同去參觀廟內的僧堂。王常侍問臨濟禪師：「你們這兒的一堂僧人還看不看經？」

臨濟禪師說：「不看經。」

王常侍又問：「那他們坐不坐禪？」
臨濟禪師說：「也不坐禪。」
王常侍很驚訝，說：「出家人不看佛經，不學坐禪，那他們到底在廟裡幹什麼？」
臨濟笑著說：「我總會讓他們大家都去成佛作祖的。」

【品曰】
成佛作祖，修行在各人。千川百流終歸大海，如何「過來」的，又有什麼重要？

久坐成勞——五燈會元

有位僧人問香林澄遠禪師：「達摩大師到中國來，在少林寺面壁九年，他老人家的意思究竟是什麼？」
香林禪師回答：「大師坐得太久，十分疲勞了！」

【品曰】
香林禪師的回答，看似十分平淡，卻深藏禪機，使人感到既有「涵蓋乾坤」的隱機，也有「截斷眾流」，令人思路忽然中止的力量；但同時，又使人有「隨波逐流」那樣飄逸的感受，確實頗具雲門宗的風格。

似個衲僧——五燈會元

深禪師和明和尚來到淮河邊，看見漁人拉網，有魚兒從網裡蹦跳出來。
深禪師說：「明兄你看，真機靈呵！完全像一個禪僧。」
明和尚說：「雖然這樣，還不如當初別撞進羅網裡更好。」
深禪師說：「明兄，你省悟得還不夠哩！」
明和尚直到半夜才明白過來。

【品曰】
學禪須先入「三界」之中，然後跳出「三界」之外。當初不「入」，今何以「出」？

將謂相悉——景德傳燈錄

有個僧人走出來禮拜。泰欽禪師說：「道者，感謝你前些時候的邀請，我拿什麼給你好呢？」

僧人正想詢問，禪師說：「還以為是相互熟悉的，誰知卻並不認識。」

【品曰】

禪師劈頭示機，僧人如能領悟，心照便是，何須多問？一問便顯「執迷」心，便離「道」而「陌生」了——禪師攔斷話頭，仍在示機，逼其頓悟也！

直入千峰萬峰去——碧岩錄

蓮化峰庵主手持禪杖，垂示眾僧：「古代高人到了這裡，為何不肯住在這裡呢？」眾人啞口無言。

庵主於是自問自答：「因為他們在途中，沒有得這個的力，蒙這個的福蔭。」

又問：「結果他們怎樣呢？」

又自答道：「橫擔禪杖不顧人，直入千峰萬峰去。」

【品曰】

「這裡」指平等如一的悟境。不肯住這裡，是因他們在差別之路中得到了大力量、大智慧，所以就橫擔禪杖，直入千峰萬峰，直入人世間，用這種智慧普濟眾生。

不許夜行，投明須到——碧岩錄四十一

趙州和尚問投子和尚：「經歷了禪的大死之人，在大活時又該怎樣？」

投子答道：「不許晚上行走，天明時必須到達。」

【品曰】

「死而後生就是禪道」。在禪中，禪經驗指的是「大死一番，絕後蘇息」的體驗。大死是徹底否定，大活是徹悟。徹悟是飛躍，不是「步行」。

外面黑

無門關廿八

視教外別傳的禪為邪教的德山，決定到南方來打殺這一邪宗，不想途中在茶店先吃了老婆婆一頓悶棍，之後便按老婆婆指點，去參學龍潭和尚。

那天到了龍潭，與龍潭進行了一番論戰之後，不知不覺已是夜半更深。

龍潭說：「夜已深了，你先退下去休息吧！」

德山道過別，掀帘往外就走。

外面漆黑一團，德山不得不折轉回來，說：「外面黑。」

龍潭把一支火燭遞給德山。

德山正想接過來，龍潭卻又把它吹熄了。

德山忽然悟道。

【品曰】

外面黑，正是當時德山的心境，即正坐在百尺竿頭。如果機緣成熟了，就會打破這種三昧，獲得自覺。

永沉苦海——趙州錄

佛教認為，女人有不能成為梵天、帝釋、魔王、轉輪聖王、佛陀這五種障礙。

一位老婆婆問趙州和尚：「我是身具五障的女人。怎樣才能免除這五種障礙？」

趙州和尚回答：「妳要祝願妳之外的一切人都升入天堂，而妳自己永沉苦海——免卻五障的方法就在這裡，從身外是覓求不到解脫的。」

【品日】

趙州和尚的言行所體現的思想正是大乘佛教的精髓。默默地替人受苦，便可進入無可企及的精神天堂。

度驢度馬——碧岩錄

一僧問趙州和尚：「久聞趙州石橋大名，可到這裡一看，只見到一座小木橋。」

趙州說道：「你只見木橋，沒看到石橋。」

僧人問：「那麼，趙州石橋是什麼？」

趙州回答：「這座橋既過驢也過馬。」

趙州說的「石橋」，體現了佛道的慈悲大度，即石橋自身遭驢踏馬踐，在默默顯示著大悲之心。

【品目】

此乃佛教中的「大悲闡提」。在大乘佛教中，大慈大悲的菩薩立誓在拯救一切眾生之前絕不成佛，願意到異類中行佛道，即願意「異類中行」。

為君幾下蒼龍窟——碧岩錄

宋代高僧雪竇重顯（九八〇～一〇五二）曾有一首頌偈，講述了自己參禪究道的感受。偈云：「二十年來曾苦辛，為君幾下蒼龍窟。」

中國的神話中說，龍嘴裡有一顆明珠，是無上的至寶。所以禪師把參禪求悟比喻成為取寶珠，奮不顧身地闖入蒼龍臥居的洞窟之行。下蒼龍窟，實際上是指拜師入室，獨自參禪。參禪者首先要擇明師。讀幾部經院學者的著作是沒用的。而且，入了禪院，拜了名師，只學得一點吃飯、喝茶的小技，也不算能事。關鍵是要把龍珠取到手。

【品目】

下蒼龍之窟，只是參禪的入門；如何取得龍珠，得靠獨自修悟。

緣德不識——傳燈錄

宋朝的大將軍曹翰在討伐了南方之後，率兵回程途中，路過廬山緣通寺。寺僧們見官兵來了，紛紛奔走躲避，只有住持緣德和尚依然端坐在法堂裡。官兵叫他喊他，他既不起身，也不作答。

曹將軍火冒三丈，發怒道：「方丈，我們想借寺院，讓士兵休息一時，然而你理也不理，這不是太目中無人了嗎？你知道軍人殺人如刈草嗎？」

和尚坦然回答：「你知道也有在軍人面前不怕死的和尚嗎？」

曹將軍佩服和尚的豪氣、膽識，便語氣平和地問：「請問高僧大名。」

「緣德。」和尚平靜地答道。

原來眼前就是德高望重的緣德禪師！將軍不禁肅然起敬，於是口氣更為委婉地請教：「請問尊師，怎樣才能贏得戰爭的勝利？」

緣德只回答了一句：「不識。」

【品目】

緣德所「識」的，只是「不戰而勝」。禪的境界與「殺人如刈草」的戰爭水火不相容，又怎能給將軍以賜教呢？

所謂「不識」，正是最大的「識」，這就要看將軍的「悟性」如何了。

一喝之妙——古尊宿語錄

臨濟義玄禪師與參禪者往來時，經常使用「喝」的手法，引起不少人傚仿。於是他說：「你們懂不懂這一喝的含義呢？這一喝有時猶如金剛王菩薩鋒利無比的智慧之劍——可以斬斷人的愚昧和煩惱；有時如同威猛無敵的獅子坐在那裡，把人的鬼魅心思全嚇跑；有時是試探人深淺的工具——探竿影草；有時這一喝又並不當作一喝來用。」

【品曰】

萬事萬物，玄機無窮。棒子打在身上，各人的感覺也不盡相同，更何況「一喝」?!

一切聲是佛聲——碧岩錄七十九

有一位頑僧問投子和尚：「經中說：一切聲都是佛聲。果真如此嗎？」

投子回答：「是的。」

頑僧說：「老師，屙屎拉尿的聲音就不能當成佛聲。」

投子當場揍了他一頓。

頑僧又問：「經中說：『粗暴的語言與溫和的語言，一切都與佛法的第一義契合。』是真的嗎？」

投子回答：「是啊！」

頑僧說：「那麼，我不叫你老師，叫你一匹驢子也可以嗎？」

投子又揍了他一頓。

【品曰】

頑僧故弄玄虛，所問皆偏心眼。而為除門徒們的私心知見，是老師應盡的義務。投子的做法一穩一激，一弛一張，頗合巨匠無心的妙招。

天賜寶劍——碧岩錄六十六

岩頭和尚問一位遊方僧：「你從哪裡來？」

遊方僧答道：「我從西京長安來。」

岩頭又問：「黃巢起義之後，就沒有再聽說過什麼寶劍之類的軼話了。請問你持有寶劍嗎？」

黃巢有一次拾得一柄利劍，劍上刻有「天賜黃巢」的字樣，於是黃巢就自封沖天大將軍，揭竿起義，並一度攻陷了長安，做了一陣子皇帝。岩頭和尚指的寶劍是像天賜黃巢的寶劍那樣鋒利、人人都具有的金剛王寶劍，即大徹大悟的佛法。

僧人答道：「我持有一柄。」

遊方僧是一個米桶水，會得本體，卻不知機用。

岩頭於是伸出頭，靠近僧人，命令他：「來吧！」

僧人說道：「老師的頭已經掉在地上了。」

這種一無是處的口頭禪，是沒有任何用處的。岩頭不由得哈哈大笑起來。

這位腳僧後來又去參雪峰。雪峰問他：「你從哪裡來？」

僧人說：「從岩頭來。」

雪峰問他：「岩頭說了些什麼？」

僧人於是把他參岩頭的情形復述了一遍。

雪峰聽後，二話不發，抽起禪杖給了他一頓狠揍，把他打發走了。

【品日】

一知半解非真禪。對於「坐禪」、「非禪」，真禪唯有給予「棒喝」！

座主念佛——五燈會元

有一個法師在念誦阿彌陀佛名號時，他的徒弟招呼他：「和尚。」

他回過頭來，想聽聽這個徒弟說什麼，但徒弟卻不開腔了。就這樣，反覆叫了四次，法師終於發火了。

他責備徒弟：「你三番四次喊我，到底有什麼事！」

徒弟說：「師父您念阿彌陀佛，念了好幾年，佛爺都沒理您，也沒有發火，我今天才念了您老幾聲，怎麼就發起火來了？」

【品目】

徒弟的機智勝於師父；師父的「修煉」尚未到「家」。

禪師寫真——五燈會元

有個和尚為本童禪師畫了一幅寫真像，呈給他時，本童禪師卻說：「如果畫的像就是我，我已經有我了，您又何必把這幅像交給我？」

那個和尚說：「怎麼能把您老和畫像分成兩個？」

本童禪師說：「若沒有把我分成兩個——我和畫像是一回事的話，那我與你也是一回事了，那你也把這幅畫收起來吧！」

這個和尚也認為是這麼回事，正準備收起來，本童禪師卻打他說：「你這不是故意把我分成了兩個嗎？」

和尚說：「如果這樣，還是由師父您收起來吧！」

本童禪師說：「好！還是該我收起來才對。」

【品曰】

「我」無內無外，只能由「我」自己去認識與把握；真禪者無法也無須去進入「別人」的世界。

不得喚作淨瓶——無門關四十

司馬頭陀告訴百丈和尚：「潭州有座大溈山，林壑幽深，適合建立大寺院。」

百丈說：「那麼我去看看吧！」

司馬道：「不可！大溈山最多能容納千名僧眾。」

於是百丈決定從門徒中擇優選出一人去擔當溈山禪院的住持。

百丈拿出一只水瓶，置於地上，對眾人說：「不許把這只瓶子叫做水瓶，你們該怎麼稱呼它？」

寺中的首座答道：「當然也不可以把它當成棒子。」

典座則一言不發，一腳把水瓶踢翻就出去了。

百丈大笑道：「首座輸給典座了。」於是命典座出任溈山的開山祖師。

【品曰】

典座一腳，當下直入，一下子消除了種種言詞分別。靈靈透透的溈仰宗，即由這一腳踢倒水瓶而來。

老宿家風——五燈會元

從前有位老禪師收養了一名童兒，這童兒不知道寺院中的規矩。

一天，有個行腳僧來到寺院中寄宿，把寺院的禮儀教給童兒。

晚上，童兒看到老禪師從外面回來了，就上前行禮問安。

老禪師很驚訝，就問童子：「誰教你的？」

童兒回答：「僧堂中的某上座。」

老禪師就把那僧人喚來問：「上座挨家行腳，是何用意？這童兒養了兩、三年，怪可愛的，誰讓你教壞他？快收拾東西走吧！」黃昏雨中，行腳僧被趕出了寺院。

美食不中飽人吃——五燈會元

法遠禪師讓義青去投靠圓通法秀禪師。義青到了那兒並不參問，只是貪睡而已。執事僧告訴圓通：「堂中有個僧人總是白天睡覺，應當按規法處理。」

圓通問：「是誰？」

執事僧答：「義青上座。」

圓通問：「別忙處理，讓我去問一問。」

說罷就帶著拄杖走進僧堂，看見義青果然在睡覺，就敲擊禪床呵斥道：「我這裡沒有閑飯讓上座吃了睡大覺。」

義青問：「和尚叫我幹什麼？」

圓通問：「為何不參禪去？」

義青回答：「食品縱然美味，飽漢吃來不香。」

圓通問：「可是不同意上座的大有人在哩！」

【品日】

禪重天性天然，妄教禮儀，誤人子弟，壞我「家風」！

義青答：「等到同意了，還有什麼用？」

圓通問：「上座曾見過什麼人？」

義青回答：「浮山（法遠）。」

圓通問：「難怪這樣頑賴！」

於是兩人握手，相視而笑，一同上方丈去了。從此義青名聲遠揚。

【品曰】

對於得道之僧，參禪形式徒具表象，不如蒙頭大睡，自入禪境。師徒對答如流，靈犀相照，相握一笑，機緣盡在不言之中！

二長老行喝——景德傳燈錄

州長官把米倉和尚與寶壽和尚請入官署供養，令人傳話，請兩位長老談論佛法。

寶壽說：「請師兄長老答話。」

米倉對他吆喝。

寶壽問：「我還沒問，為什麼就吆喝？」

米倉說：「還不夠哩！」

寶壽卻對他一聲吆喝。

【品目】

臨濟義玄禪師以喝著名，世有「臨濟喝」之稱。米倉與寶壽互相以喝示機，真不愧是臨濟弟子。

隴西鸚鵡——五燈會元

有位僧人問虎溪庵主：「和尚是哪裡人？」

虎溪庵主回答：「隴西人。」

僧人問：「聽說隴西有鸚鵡，是真的嗎？」

庵主答：「是的。」

僧人又問：「和尚大概不是鸚鵡吧？」

庵主就發出鸚鵡的叫聲。

僧人說：「好一隻鸚鵡！」

庵主便拿棒打他。

【品目】

虎溪庵主有問皆據實回答，失之呆板，故僧人以鸚鵡譏之。然庵主以「作鸚鵡聲」示機，僧人不識來機，如實下語，同樣失之呆板，故遭棒打。

胡地冬抽筍——景德傳燈錄

一次，師虔和尚從夾山來參見洞山良价禪師。洞山禪師問他：「最近從哪兒來？」

師虔回答：「從武陵來。」

洞山又問：「武陵的道法和這裡相比怎樣呢？」

師虔回答：「胡地（北方少數民族地區）的冬季長出筍來。」

洞山吩咐：「另外蒸煮香飯，供養此人。」

師虔走出去之後，洞山說：「此人以後將會使天下人都來投奔他哩！」

【品曰】

「答非所問」而潛蘊禪機，正是悟道之要旨，無怪乎洞山對師虔讚賞有加！

逢著一個——景德傳燈錄

有位新到的僧人參見時，繞著米倉和尚走了三圈，敲敲和尚的座椅，說：「沒有看到主人，絕不去參見眾僧。」

米倉和尚說：「在哪兒學來的妄情見識？」

僧人說：「主人果然不在。」

米倉和尚打了他一禪杖。

僧人說：「差點兒陷於妄情見識，呵呵！」

米倉和尚說：「鄉野小道上碰著一個，有什麼可說的？」

僧人說：「姑且參見眾僧去。」

【品曰】

新到的僧人先下手為強，主動發機，機鋒敏銳，無怪乎米倉說「逢著一個」，認可了他的開悟。

寸絲不掛——五燈會元

溫州尼姑玄機，唐景雲年中出家，在大日山石窟中修習禪定。一天忽然想到：「法性清淨，本無往來住止。厭惡喧鬧，趨向靜寂，這難道就是開悟嗎？」

於是，玄機便參謁雪峰，以求印證。

雪峰問玄機：「每日織布多少？」

玄機為了表示自己「無住」、「無念」的修行水平，便答道：「寸絲不掛。」隨即禮拜而退。才走了三、五步，雪峰突然喊道：「袈裟角拖在地上啦！」

玄機驀然回首。雪峰道：「好一個『寸絲不掛』！」

【品目】

玄機的「回頭」，足證其尚未真正達到無念的境界；「寸絲不掛」徒有其名！

不曾辜負人——五燈會元

一天，寶通禪師拿著癢和子（一種竹製的搔癢器具）在廊下行走，遇到一位僧人上前問候。寶通突然用癢和子朝他的嘴巴打去，問：「領會嗎？」

僧人答：「不領會。」

寶通說道：「老僧我不曾辜負人。」

【品目】

寶通打僧人嘴巴，暗示禪理不可言傳，應以心參悟。但僧人心無靈犀，未接禪機。而寶通畢竟作了禪師該做的事，故言「不曾辜負人」。

已展不收——景德傳燈錄

一次，僧人隱峰推著土車。馬祖大師伸著雙足在路上坐。

隱峰說：「請大師收足。」

馬祖大師說：「已伸出去就不收回。」
隱峰說：「已前進了就不後退。」
於是推著車子碾了過去，使馬祖大師的足受到損傷。
回到法堂後，馬祖執著斧子喊道：「剛才碾傷老僧腳的出來！」
隱峰走出來，伸長脖子（讓他砍）。
馬祖將斧子扔了。

【品曰】
「已進不退」、「已展不收」，皆悟道機鋒。馬祖最後棄斧，已反前「道」，只能說是慈悲為懷而已。

免得免不得——五燈會元

一次，慧清禪師上堂對僧眾講法，說道：「好比有人行路，忽然遇到這種情況：前面是萬丈深淵，背後野火逼近，兩邊荊棘叢林。如果向前走，就掉下深淵；如果後退，就被野火燒身；如果轉向兩側，又被荊棘叢林阻擋。此時，應該如何？」

眾僧默然。

【品曰】

前不可進，後不可退，周轉不得，唯有超然方能領悟「出身之路」。慧清禪師正是把眾弟子逼上這樣絕境。

一點墨水，兩處成龍——景德傳燈錄

一僧人問道忞禪師：「弟子尚未達到那個本源，請老師適當指點。」

道忞禪師反問：「是什麼本源？」

僧人答：「就是那個本源。」

禪師說：「如果是那個本源，怎能接受指點？」

僧人當即有悟，禮拜後退下了。

這時，侍者回道：「和尚剛才莫非是接引他的提問？」

禪師回答：「沒有。」

侍者又問：「莫非不接引他的提問？」

禪師回答：「沒有。」
侍者亦當即有悟。
禪師說：「一點水墨，兩處成龍。」

【品曰】
畫龍點睛，龍則破壁。道忖禪師一點墨水，兩處成龍，善莫大焉！

雲門一字關——雲門廣錄

有僧人問雲門文偃禪師：「什麼是禪？」
文偃禪師回答：「是。」
僧再問：「什麼是道？」
禪師答：「得。」
僧人又問：「父母不同意不得出家，請問怎樣才能出家？」
禪師答：「淺。」
僧人說：「弟子不領會。」

禪師答：「深。」

【品曰】

語愈簡，義愈深、愈玄，雲門禪師接引弟子，常用一字（或外語）示機，逼使弟子無路可通，以求頓悟。對此，禪林稱之「一字關」。

直教他窮究到底——五燈會元

定上座在官署裡吃了齋飯，回來的途中在一座橋上坐會兒，正遇上三位座主（寺院的住持僧），其中一人問：「怎樣是禪河深處，需要窮究到底？」

定上座抓住他，要扔到橋下去。

另外兩位座主走上來勸道：「別責怪觸犯上座，請慈悲原諒！」

定上座說：「如果不是二位座主說情，定教他窮究到底！」

【品曰】

「拋向橋下」即「窮究到底」——令其剿絕情識而頓悟也。

有生與無生

五燈會元

汀州水塘和尚問歸宗禪師：「哪裡人？」
歸宗答：「陳州人。」
和尚問：「多大年紀？」
歸宗答：「二十二。」
和尚說：「闍黎沒生下來時，老僧去過陳州。」
歸宗問：「和尚哪年出生的？」
和尚豎起拂子。
歸宗說：「這個難道有生嗎？」
和尚說：「領悟了就是無生。」
歸宗說：「還沒有領悟哩！」
和尚無言以對。

【品曰】

和尚故弄玄虛，先發制人；歸宗以「平」對「玄」，棋高一著。

汝善塑性，不善佛性——五燈會元

唐先天元年（七一二）七月六日，六祖慧能派弟子往家鄉新州國恩寺為自己建築報恩塔，並令加速施工。

有一個名叫方辯的四川僧來謁見說：「我善於捏塑人像。」

六祖認真地說：「塑塑看。」

方辯不領會其中禪旨，就捏塑出六祖的人像，約高七尺，唯妙唯肖。

六祖看了塑像，說：「你善解塑性，而不善解佛性。」於是贈送衣物作為報酬。

方辯禮謝而去。

【品曰】

蜀僧一心苦捏泥巴，不解佛性，終使禪緣失之交臂。此亦「定數」也！

衣即留鎮山門——五燈會元

有一天，六祖慧能對行思說：「以前都是衣和法同時流傳，各代祖師遞相授受，衣是傳法的信據，法可以兩心相印證。我如今已有合適的傳人，何必擔心沒有信據？我從授衣以來，遭受如此多的磨難，何況後代，競爭必然更多。衣還是留鎮山門，你應該分立門庭，去教化一方，別讓我法斷絕。」

行思得法之後，歸鄉留住青原山。

【品日】

自從六祖慧能之後，只傳法，不傳衣。其實，有「法」何須「衣」！

亦放和尚過——景德傳燈錄

雪峰禪師問皎然：「光明和境象都消失之後，剩下的是什麼？」

皎然說：「如果寬恕我的過失，就敢於有所應對。」

雪峰問：「寬恕你的過失，怎樣應對？」

皎然回答：「我也寬恕你的過失。」

雪峰對此深為讚許。

【品曰】

道在於自悟，排斥「分辨」、「思慮」。雪峰之問確有「過失」，皎然表示「寬恕」，實乃棋高一著，雪峰豈能不為之讚許？

萬法本閑人自鬧——五燈會元

慧忠禪師上堂說：「青藤攀附樹枝，爬上了寒松頂端；白雲疏淡澄潔，出沒於天空之中。萬事萬物本來清閑，只是人們自己在喧鬧中忙碌。」

【品曰】

禪宗引導人們擺脱追逐爭鬥，而歸於清閑自在。

不見不聞——五燈會元

道樹回到東都洛陽時，遇上神秀禪師，言談之中，立即領悟禪旨。於是選擇壽州三峰山，造起茅庵居住。這裡常有野人來往，衣服樸素，言談怪異，言笑之餘，變化成佛、菩薩、羅漢及天仙等形狀，或者放出神祕的光，或者發出奇怪的聲響。

道樹禪師的學徒看到這些情況，都不知是怎麼回事。

如此經過十年，野人完全消失了。

禪師告訴大眾：「野人使出多種伎倆，迷惑別人。只要老僧我不去看，不去聽，他的伎倆必有窮盡之日，而我的不看不聽卻沒有窮盡之時。」

【品曰】

不見不聞，一切皆無；以靜制動，超然物外，正是禪境的高層次追求。

是法平等——祖堂集

有一個少年對禪師說：「求禪師發慈悲心，收我為徒，救渡一個眾生。」

禪師說：「我禪宗門中，銀輪王的嫡子，金輪王的孫子，才能繼承法嗣，不損壞宗門風氣。你是鄉野小村裡的俗人，牛背上長大的孩子，怎麼能投入這個宗門？這不是你分上的事！」

少年說：「萬物平等，沒有高低。您怎能用這樣的話阻攔我向善之心？再次請求禪師發慈悲之心，收我為徒！」

這少年便是後來的六祖慧能。

【品日】

禪師用反語激發少年道出了禪門的宗旨：「是法平等，無有高下。」

大通智勝佛——五燈會元

有僧人問崇慧禪師：「什麼是大通智勝佛？」

崇慧禪師答道：「遠古以來，從沒有滯塞過，這不就是大通智勝佛嗎？」

僧人又問：「那麼為何看不到佛法呢？」

禪師答：「只是因為你不領悟，所以看不到；即使領悟了，也成不了佛。」

【品日】

「即使領悟，也成不了佛。」與禪師常說之「見性成佛」似相矛盾——禪語常隨機而出，要人們拋棄一切現成的思維定式，進入一個全能境界，以獲得新的領悟。

座主！是什麼——祖堂集

汾州和尚主持寺院的時候，能夠講解四十二本佛教經論。他問馬祖：「三乘教說、十二部經典我已粗略了解，不知禪宗的意旨是什麼？」

馬祖四面看看，說：「這兒人多，你先去吧！」
汾州於是出門。腳才跨過門檻，馬祖召喚：「座主！」
汾州回頭答應。馬祖問：「是什麼？」
汾州立刻有所省悟，便向馬祖禮拜，說：「我能講說四十二本經論，本以為沒有人能超過我；若不是今天遇上大師，幾乎枉度一生！」

【品曰】
有時出其不意的策動，能將僧人推入悟的境界，馬祖可謂深通此道。

齋後睏——景德傳燈錄

有一僧人問師彥禪師：「頭上出現寶蓋，腳下生出雲朵，這時怎麼樣？」
師彥禪師回答：「披枷帶鎖的傢伙。」
僧人問：「頭上沒有寶蓋，腳下也沒有雲朵，又怎麼樣？」
禪師答：「還是帶著手銬。」
僧人又問：「究竟怎麼樣？」

禪師說：「齋食之後安睡了。」

【品曰】

窮究事理非禪道，猶如「帶著枷鎖」。

僧人不悟，禪師只好自去安睡——且看他還能開悟否？

維那，捉得也——五燈會元

有一天夜晚，利蹤禪師在僧堂前叫起來：「有賊！」

眾僧都驚動了。

有一個僧人從僧堂裡出來。禪師一把抓住，說：「維那，捉到了，捉到了！」

僧人說：「不是我。」

禪師說：「是倒是，只是你不肯承當。」

【品曰】

此乃禪師示機的一種形式，那僧人無靈性，未領悟，故曰「不肯承當（接機）」。

可惜許

景德傳燈錄

普願禪師有一次問黃檗：「用黃金作房子，白銀作圍牆，這是什麼人的住宅？」
黃檗答：「是聖人的住宅。」
禪師問：「另外一個人居住什麼國土？」
黃檗拱手站立。
禪師問：「不能說，為何不問老師？」
黃檗便問：「另一個人居住什麼國土？」
禪師說：「可惜呵！」

【品日】

黃檗叉手立，或已契機；普願再說，意在鞏固此契，而黃檗重複問題，遂致失機。

緊要處——宗鑒法林

有個和尚問雪峰義存禪師：「修行的最關鍵之處，希望師父能指點我。」

雪峰說：「什麼？」

和尚聽了，豁然頓悟。

【品曰】

「什麼？」問得虛空、茫然，卻恰恰契合了禪的境界——什麼也沒有，卻什麼都有了。師答得高妙，徒亦有慧根，一拍即合。

睦州晚參——五燈會元

睦州陳尊宿是黃檗希運禪師的弟子，臨濟義玄禪師的師兄。

有天晚上接受眾人參問時，他說：「你們這些人啊，對禪來說，到底找到了入門的途徑沒有呢？如果找到了，進了禪的大門，可不要辜負我這個老和尚哪！」

這時有個和尚站出來，向他禮拜，並說：「我以後永遠不會辜負您。」陳尊宿說：「你這麼說就已經辜負我了，還等什麼將來、永遠！」

【品曰】

禪境是空靈的，一片澄清，這個和尚把「不敢辜負」放在心裡，雖有一片誠心，卻已偏離禪道，豈能不受禪師的斥責。

火後一莖草——五燈會元

有位僧人問洞山良价禪師：「一個和尚圓寂火化之後，到什麼地方去了？」洞山禪師回答：「那就請你看看火灰上所殘存的那根草吧。」

【品曰】

禪宗認為，人生、宇宙是一體的，「我」從哪裡來，又回歸到哪裡去，在本質上是沒有區別的，來去只是假象，不來不去才是真實。而「火後一莖草」的感受，則是不來不去的永恆。

倒卻門前剎竿——無門關廿二

世尊晚年，阿難一直侍奉在他的左右，因此時常聆聽他的教誨，在世尊的十大弟子中享有「多聞第一」的美譽。然而，世尊活著時，他一直未悟，沒能修成正果。世尊圓寂後，他在師兄迦葉的啟發下，開了悟門。

當時阿難問迦葉：「世尊傳授大法時，除了傳金襴袈裟之外，還傳了什麼？」

迦葉也不回答，只是喊：「阿難。」

阿難隨口答道：「是。」

迦葉說：「去把門前的剎竿收起來。」

也就是說我的法講完了，你去把象徵說法的招牌收起來吧。只要像回答「是」那樣，體會無心的作用，就算明白正理了。

【品曰】

迦葉的說法直接阿難的內心，即「以心傳心」，點到即止，這就是禪。

為何這地步——景德傳燈錄

從展禪師看見一個僧人在數錢，就伸手說：「求你給我一文錢！」

僧人問：「和尚怎麼落到這種地步？」

禪師說：「我是到了這種地步。」

僧人說：「既然到了這種地步，就拿一文去吧！」

禪師問：「你怎麼落到這種地步？」

【品日】

僧人以凡俗眼光看待事理，確實已淪落到一文不名的「地步」！

樹上道易，樹下道難——無門關

香嚴和尚有一次說道：「有個人在樹上，口銜樹枝，懸空咬在那裡，手不摸枝，腳不踏木。這時，樹下有一人問他：『請問祖師西來意是什麼？』如不回答，有拂他人之意；如回答，一鬆口就會從樹上掉下來失卻性命。這時，你們怎樣策對？」

當場有一位高僧招上座對道：「我不問到樹上，只想請老師在樹下點示一二。」

香嚴聽後，哈哈大笑。

【品曰】

處樹上（危險）還算容易，處樹下（平常）反而更難。因為，即使道得樹上一句，也不一定能在樹下說好法——時時處處都要與道相符，絕非常人之所能為！

恐言後喪我兒孫——碧岩錄

一次，百丈和尚問高徒溈山：「抿住咽喉與嘴巴，如何說法？你且說說看！」

溈山只說：「先請老師示範一下吧！」

百丈於是說：「我本應該講給你聽的，這是義不容辭的事；可是我如果說了個明明白白，你這小子就會放鬆自己，不去窮盡至理，我豈不絕子絕孫了嗎？」

【品曰】

弟子溈山反問得巧（禪稱「騎著賊馬追賊」）；師父回擊得更為銳利。對答如行雲流水，可謂名師高徒，相得益彰。

光明寂照遍河沙——無門關卅九

有位僧人與雲門談禪。

「我聽人說過『光明寂照遍河沙』……」

僧人還沒有說完，雲門就接語道：「那不是張拙秀才說過的話嗎？」

張拙秀才在石霜慶諸禪師處參禪悟道時，的確說過這句話。

僧人答道：「是呵！」

雲門說：「你答錯了。」

【品曰】

禪心無我無他，誰「說」無足輕重。雲門說僧人「答錯」，道理正在於此。

第七部

冷暖自知

體悟禪道的過程，
如魚翩然悠游於水中，沈浮起落，冷暖自知。
這種只可意會的感覺境界，
令一切語言、文字為之黯然失色。

誰人縛汝——祖堂集

僧璨召集各種品級的僧眾，向他們宣講正宗佛法。

法會中有一個小和尚，才十四歲，名叫道信，來禮拜僧璨禪師，並問禪師說：「什麼是佛心？」

禪師答道：「你如今是什麼心？」

小和尚說：「我如今無心。」

禪師說：「既然你沒有心，難道佛就有心嗎？」

小和尚又問：「請求師父教給我解脫束縛的方法。」

禪師說：「誰束縛著你？」

小和尚說：「沒有誰束縛我。」

禪師說：「既然沒有人束縛你，這便是解脫，何必再求解脫？」

道信立即大悟。

【品曰】

能束縛我們的，只有自己；能解脫我們的，也只有自己。

漸修與頓悟——五燈會元

有一憎人問宗密禪師：「所謂修道，是頓速還是漸緩？如是漸緩則忘前失後，怎能集合成功？如是頓速，那麼千頭萬緒，豈能夠一下子達到圓滿？」

宗密禪師回答：「真理應即刻省悟，頓時圓成，而消除虛妄之情是漸漸祛盡的。頓時圓成好比初生嬰孩，一日降生，你肢體齊全。漸緩修行好比撫養成人，須經多年，才具備志氣。」

【品曰】

漸修是平緩的流水，頓悟乃高崖的飛瀑！

清淨之水　游魚自迷——景德傳燈錄

有一僧人問善會禪師：「什麼是道？」

善會禪師說：「太陽光照四方，萬里不掛片雲。」

僧人又問：「怎樣才能領會？」

善會禪師答：「清淨之水，游魚自迷。」

【品曰】

清淨之水，明澄透澈，意喻自性本自清淨。對迷者來說，非關外象，惑不在水，而在內心的無明，故曰「游魚自迷」。

雞寒上樹　鴨寒入水——人天眼目

禪是正傳的佛法；從這個意義上講，如來禪與祖師禪是相同的。可是，禪不是印度的，它是地地道道中國特色的東西；從這個意義上講，如來禪與祖師禪又是相異的。

有一位僧人問巴陵和尚：「祖意與教意，是相同還是有別？」

巴陵答道：「雞寒上樹，鴨寒入水。」

面臨同樣的寒冷，可是適應的方法卻不一樣。

又有一僧問道：「我不疑三乘十二分教（指如來一代的印度教意），我只想知道宗門中事（禪宗的祖意）是什麼？」

巴陵答道：「這不是禪僧分內的事。」

僧人問：「如何理解？」

巴陵答道：「如果你給經書文字所迷惑了，鑽進了故紙堆，你就丟失了真正的佛心，無法明白佛的含義。」

【品曰】

禪靠各自的理解，各自的參悟。迷失自我，首先便背離了禪道。

以手掩耳——五燈會元

芙蓉道楷禪師是北宋開封城天寧寺的方丈。他是投子義青禪師的大弟子，也是中興曹洞宗的著名大師。

他最初見到投子義青禪師時就問：「佛經和禪宗祖師們所談的那些，對我如同家常便飯一樣。但除開這些之外，佛法——禪宗——還有什麼實實在在的東西——真正成佛作祖的道路呢？」

投子義青禪師說：「你以為現在大宋天子所發出的詔書、敕令，還需要借用堯、舜、大禹、商湯這些古代聖王的名義嗎？」

道楷正準備發表一番議論，投子義青禪師急忙用把拂塵子打他的嘴巴，並說：「如果你對我的問題要去思考，並說出來，那麼我這裡早就先痛打你三十大棒了。」

這麼一來，道楷就開悟了。他給老師叩了兩個頭，起身就走。

投子義青禪師說：「你給我回來！」

但道楷卻不理會他，繼續向前走。

投子義青禪師又追著說：「你以為你已經達到對佛法、對禪境沒有半點疑惑的程度了嗎？」

道楷不聽，連忙用手捂住耳朵。

【品曰】

只有對自我感悟的堅信不疑，才敢於「以手掩耳」；這本身便是一種「佛性在我」的入禪境界。

迷逢達摩——五燈會元

有個和尚問雪峰義存禪師：「我的眼睛——認識——本來是正確的，因為見了老師後，便覺得自己的眼睛——認識——反而不正確了，這是怎麼回事呢？」

雪峰禪師說：「你能有這樣的認識，是糊塗時遇到了達摩祖師呵！」

那個和尚又問：「那麼我原來的眼睛——本來的認識——又在什麼地方呢？」

雪峰說：「你的眼睛——認識——不論失掉也好，得到也罷，都與老師無關。」

【品曰】

老師只能教你「看」，能否看見，看錯看對，最終還要靠自己的「眼睛」。

藥山決疑

五燈會元

有位僧人對藥山惟嚴禪師說：「我在修行中有一些不解的疑問，請師父為我解決。」

藥山說：「好，等晚上上堂時，我幫你解決。」

到了晚上，藥山上堂，眾僧們也聚集齊了，藥山禪師說：「今天請我為他決疑的那位師父在什麼地方呢？」

那個和尚從眾僧中站了出來。

藥山禪師走下禪床，一把抓住他，對眾僧說：「你們大家注意了，這個和尚心中有疑問。」

說完，把和尚推了一下，自己卻回方丈室去了。

【品日】

一切「疑」的最終解決，有賴於「我」這個「自身」的感悟。藥山禪師的一「推」，只是告訴這位和尚（也告訴眾僧）這個「自身」的存在——「機鋒」點到即止，但看「悟性」如何？

相別而不離　相對而不對——大燈國師法語

雲岩正在沏茶，這時師兄道悟走了進來，問他：「泡茶給誰喝？」

雲岩說：「有個人要喝。」

道悟吃驚地問：「那個想喝的人不會自己來泡嗎？」

雲岩淡淡地說：「因為我剛好在這裡。」

雲岩年輕時，曾拜訪過百丈大禪師。

雲岩問：「大師每天這麼辛勞，到底是為誰忙呢？」

百丈答道：「有個人需要。」

雲岩問：「為什麼不叫他自己做呢？」

百丈答道：「靠他自己一人是不能過活的。」

上面的「有人」就是「超我」（真實的自己、平等之心），「我」就是「自我」（現實的自己、差別之心）。宗教也好，哲學也罷，最終需要解決的問題是一樣的，即超我與自我的關係問題。

【品目】

有「我、他」的差別之念，正是人痛苦煩惱的根源。無主客之分，隨時合而為一，我就是你，你就是我，就會達到無我、無他的大悲之心的禪境。

渾身是法則覺不足——葛藤集二五九

白雲和尚對弟子法演說：「有一次，幾位禪客從廬山到我這裡來了。他們都悟道極深。讓他們唱經講法，說得有板有眼，講得有根有據；提起公案問他們，見地也甚是精到；要他們著語寫偈，也都十分精采。然而，就是像他們這樣的人，卻也仍然是沒有達到境界。」

這是為什麼呢?有一位名禪說過：「那些身心尚未飽參佛法的人總覺得法悟得足夠了；而那些整個身心都充滿佛意的人卻總覺得不夠，仍然孜孜以求。」

所以祖師常說：「釋迦和達摩還在修行呢！」「只有臨死之時，才是休息的時候。」

【品目】

禪的參悟，伴隨生命的始終。

超然物外——碧岩錄

一次，馬祖禪師與弟子西堂、百丈、南泉一同出外賞月。馬祖問：「這等風清月朗的時分，最好幹點什麼呢？」

西堂的回答是「正好供佛誦經」；百丈的回答是「正好坐禪修行」；只有南泉一言不發，輕揮衣袖，獨自而去。

馬祖於是感慨道：「西堂的經書應該放在藏經樓裡；百丈的禪應該歸到大海之中。只有南泉獨自超然，實在難得啊！」

【品曰】

真正的「超然物外」，不在於你「打算」、「想」幹什麼，而在於你時時刻刻「在」幹什麼。

石壓筍斜出　岸懸花倒生——碧岩錄

伽山和尚有一次渡琵琶湖去京都，在船上與年輕有為的峨山和尚相遇。峨山是奉師命到京都的法衣鋪去辦事的。

這位氣盛一時的狂僧，根本不把貌不出眾、破衣敝笠的同船老僧放在眼裡，看到伽山拿出一本經書來讀，心下思量道：這個猥瑣老僧，看樣子尚未入門，還在讀經階段呢！於是峨山儼然以一副尊師的姿態，跟伽山大談一通諸如修行艱難，須用心修持以求徹悟之類的話。伽山默然聽著。

上岸之後，兩人又一路同行。待到了法衣鋪，峨山看見人們無不對伽山合手禮讚，才知身邊就是一代名師伽山和尚，不禁渾身直冒冷汗。而伽山仍默然不語，一如常態。

後來，峨山便到伽山手下參禪求淨。

【品曰】

小禪喧若嘩溪，大禪靜如古木。

真禪者的堅韌，令人想起巨石下斜生的筍、懸崖上倒生的花！

治病解縛——古尊宿語錄

臨濟義玄禪師一次對眾僧說：「我這個山裡的窮和尚並沒有什麼佛法的真理可以傳授你們，只不過是給你們的精神上治治病，解除你們思想上的一些束縛而已。如果你們只知去記我是怎麼說的，拿我的話當教條，反而是增加了束縛，還不如休息睡覺去。」

【品曰】

領教經義，如魚飲水，「冷暖自知」。
「知」便是了，不必老惦著那「水」。

三步雖活 五步須死——碧岩錄

有一個僧人拜訪藥山和尚時說：「平田淺草茂盛，麋鹿成群。怎樣才能射殺大鹿中的大鹿呢？」

藥山是平田寺住持，顯然僧人的禪箭對準了平田寺，欲與指導上千雲水的禪匠藥山一比高低。

於是藥山道：「看箭！」作為禪道的回敬。

僧人立即佯裝倒地。其意圖是：我才是大鹿中的大鹿，是鹿王；你所以射倒了我，因為我是鹿王嘛！

藥山見狀，已看穿僧人的意圖，於是喝道：「徒兒們，把這匹死鹿拉出去埋了。」

僧人見狀，自知不是藥山的對手，禪法敵不過藥山，就落荒而逃了。

【品曰】

所謂「逃得三步，難逃五步。三步雖活，五步須死。」亦可謂棋高一著，強中自有強中手。禪道亦是如此。

妙峰頂——碧岩錄

雪峰門下有兩名高徒，一名保福和尚，一名長慶和尚。兩人一起在深山散步時，保福用手指著遠方：「這裡正是妙峰頂。」

長慶說：「妙峰頂好是好，只是還不完美。」

雪竇對此評述道：「長慶和尚跟保福一起遊山，到底想說什麼呢？依我看，長慶大師這類人物，不說千年難遇，也是寥若晨星的。」

鏡清和尚的評述是：「若非孫公，髑髏遍野。」

孫公指長慶和尚。

妙峰頂是善財童子初訪德雲比丘時，德雲比丘隱居的山，代指平等如一，真空無相的悟境。到了妙峰頂，好是好，可是如果僅僅到此為止，便是死人禪，即「髑髏遍野」的境狀。

真空無相即真空妙用，得道之人必須去濟渡眾生。所以長慶說：「可惜不夠完美。」

【品曰】

禪是大實際的禪。經過刻苦的錘煉，達到了禪的悟境，是可喜的；如果僅僅停留於此，受悟境的束縛，便是傷了禪，毀了悟，只算到達禪界的半路。

路向何處——葛藤集卅二

南泉和尚在山中割草時，一位行旅僧向他打聽：「請問長老，到南泉禪院怎麼走？」

南泉答道：「我的這把鎌刀值三十大洋。」

在這種場合，鋒利的割茅鎌就是南泉的象徵。但行腳僧慧門未開、慧眼未啟、慧根未現，還是一個勁地問南泉禪院：「長老，我不是問鎌刀，我是問南泉禪院怎麼走。」

南泉也不理會，兀自說道：「這把鎌刀可鋒利哪！」

【品曰】

如果說南泉的第一句話顯示的是南泉的體（即本體），那麼第二句則可以看成是體現了南泉的用（即用途）。能否理解，全憑禪機。

東山水上行——葛藤集

有一位僧人問雲門和尚：「看透了浮世凡塵的各位佛祖的境界到底怎麼樣呢？」

雲門的回答是：「東山水上行。」

道元禪師對此著述道：「如今呈現在眼前的山岳、河流，便是雲門和尚所說的現成的道，是天地未開、萬物未萌時的本來的自己。」

一般認為，「水上行」是在水上行走。如果簡化為「東山行」，那意思只有山在行走，公案的意圖便清楚多了。

【品曰】

光陰似箭，日月如梭，萬事萬物都處在不斷變化之中，此即悟禪者對真理的理解。

身心一如——正法眼藏

大慧和尚有一次看到一幅僵屍畫，畫中題有如下字偈：「屍在這裡，人在何處？乃知一靈，不居皮囊。」和尚當即搖頭道：「這不是佛道，是外教之見。」於是提筆批寫道：「此即形骸，便是其人。一靈皮囊，皮囊一靈。」

日本禪師道元和尚也說：「佛法本意就是『身心一如，性相不二』。此乃不言而喻之理，不可更改。人活著時，身體與靈魂不分；人死後，靈魂不滅，才是正理。」

【品曰】

「身（身體）心（靈魂）不分；性（本體）相（現象）無別」，概括了生死大義。佛僧當悟生死本來就是涅槃，涅槃本來就是生死。

關

碧岩錄

翠微和尚曾在恩師雪峰的禪院裡任首座。有一天，正好是夏安居的終日，他對眾僧說：「安居期九十天裡，我都在給兄弟們說法。我很擔心說得過多會蒙受我佛之罰，落得個眉髮脫落的下場。請你們幫我看一下我還有沒有眉毛。」

傳說有一位和尚說錯了法，受佛靈之罰，眉毛全部掉淨了。

同門的保福和尚道：「作賊才心虛。」

長慶道：「不僅沒掉，還越長越密了。」

雲門最後道：「關。」

【品日】

關指整體的功用。一聲之下連自己都忘卻了，就達到了天人合一的化境。

解打鼓

碧岩錄四十四

禾山和尚有一句名言：「習學則聞，絕學為鄰，透貫聞鄰，則為真過。」僧肇大師的《寶藏論》中也說：「學道有三：一為真，二為鄰，三為聞。研習學問為聞，學盡了學問即接近真道，兩者俱備則為真。真過指的就是真正的化境。」

有一位僧人問道：「什麼是真過？」

禾山說：「我會擊鼓。」

僧人又問：「出家的真理是什麼？」

禾山仍然回答：「我懂得擊鼓。」

僧人接著問：「我不問你即心即佛是什麼意思，我只問你非心非佛指什麼？」

禾山仍然答道：「我善於擊鼓。」

僧人窮追不捨：「如果遇到境界顯達的真人，你如何教示他？」

禾山大智若愚，答案依舊是：「我的鼓打得很不錯。」

【品日】

在此，「解打鼓」的解不是理解的解，而是情態動詞「會」之意。禾山和尚不愧是一位聽到擊鼓之聲而悟道的高人。

如何對待三種病人——碧岩錄

玄沙和尚垂示眾僧道：「每一位大師都要求我們去普渡眾生。如果偶爾遇到下面三種病殘人，又怎麼濟渡他們呢？失明的人、失聰的人，還有失聲的人。要知道在瞎子面前舉起禪杖或抖動拂子，他們都瞧不見；聾子聽不見你講經闡理的妙聲；而對於啞巴，你要他開口則是萬萬不能。碰到這三等眾生，該如何是好？如果不能普濟這種身殘之人，佛法又哪談得上有神光靈驗呢？」

有一位僧人聽過玄沙這番話後，便跑去問與玄沙同門的雲門和尚。

雲門和尚叫道：「速速作揖！」僧人忙作揖而立。

雲門手持禪杖而立。僧人往後一退。

雲門說：「你不是瞎子嘛！」又道：「走過來一點。」

僧人趨步近前。

雲門說：「你沒有耳背嘛！」隨即又問僧人：「你懂了嗎？」

僧人答道：「不懂！」

雲門說：「你也不是啞巴。」

僧人至此才有所省悟。

【品日】

禪濟渡眾生自有禪的高抬，那就是點燃心頭的明燈。每個人的心頭都有一盞燈，既能照亮自己，又能光照別人。這盞永恆的燈能彌補耳聾、目盲、口啞等各種缺陷，領你進入人生的三昧境界。

昨夜驪龍拗角折——碧岩錄

有僧問雲門和尚：「何為一代時教？」

雲門答道：「對一說。」

雪竇和尚作了一首歌，對其中的禪理詠頌道：「對一說，太孤絕，無孔鐵錘重下楔。閻浮樹下笑呵呵，昨夜驪龍拗角折。別之，韶陽老人得一橛。」

——雲門回答的「對一說」，這種機鋒實在是孤危險峻，令人難以企及。它具有在無孔的鐵墩子上釘釘子的強大威力。不過，如果站在南閻浮州中心的那棵古樹下看這一切，又會覺得可笑至極。因為這好比龍拗雙角。

僧人在提問時那般氣宇不凡，好像昨夜的蒼龍豎起的兩角不可一世，有意一展雄風。可這位僧人可憐的稜角，跟雲門的禪機一遭遇就折斷了。不過，稜角斷了是斷了，雲門和尚，即韶陽老人折斷的只是一隻角。還有一隻角在哪裡呢？如果還在龍身上，獨龍角還同樣厲害，同樣可以顯禪的威風！

【品曰】

獨龍角，果真能醒悟過來，照樣能騰空奮飛！要找到它，請試禪機！

展開雙手——碧岩錄

雲門和尚問一名學僧：「最近你從哪裡來？」從哪裡來，並不僅指處所。這是雲門試禪的第一步。

「從西禪來。」僧人的回答是準確的。不過，僅憑一點，還無法辨別他的功夫的高低深淺、真假善偽，因為西禪是南泉之後的一代宗師。

於是雲門使出了第二支箭：「西禪和尚最近說了些什麼法？」

僧人什麼也沒回答，只是做了個攤開雙手的動作。這個僧人似乎有點功底。不過，雲門大師是卓越的禪匠，任何一位僧人模仿他人的禪機是無法逃過他的銳眼的。

他著實地揍了僧人一拳。這是雲門第三招。

僧人見此情形，忙改口道：「我還有道理要說。」這種言行在禪師看來極端愚鈍，破綻百出。

在僧人正欲開口申辯時，這次雲門攤開了雙手。雲門打出了第四招。

僧人語塞，又無言以對了。

雲門隨即狠狠揍了他一頓：好一個笨和尚！這是雲門第五招。

【品曰】

模仿不是真道。真正的禪不可拘泥於一招一式、一言一語。必須本心領會，然後便能萬事皆通。

還有不病者也無——五燈會元

洞山禪師將圓寂的前一天，有個和尚問他：「你老人家已經病成這個樣子了，對你來說，還有沒病的嗎？」

洞山禪師說：「依老僧看，一點病都沒有。」隨即問那和尚：「離開這個有生有死的空皮囊後，你在什麼地方與我相見？」

和尚無言以對。

【品曰】

面對生死，從中超然，才能真正超越別人，超越自己，進入精神境界的永恆。

萬象森羅——文益語錄

有一僧人問文益禪師：「什麼是第二個月亮？」

文益禪師回答：「森羅萬象。」

僧人又問：「什麼是第一個月亮？」

禪師答：「萬象森羅。」

【品日】

文益禪師之答大同小異，以示禪者無「分別」之心。

牡丹障子——景德傳燈錄

桂琛與長慶、保福三位禪者進入州城，看見牡丹屏風。

保福說：「好一朵牡丹花！」

長慶說：「別眼花！」

桂琛說：「可惜呵，一朵花！」

【品日】

花非花，似是而非。桂琛之語，最近禪理。

綠水青山——景德傳燈錄

有一僧人問清聳禪師：「牛頭（法融）沒有參見四祖（道信）的時候怎樣？」

清聳禪師回答：「青山綠水。」

僧人又問：「參見以後怎樣？」

禪師答：「綠水青山。」

【品曰】

參見前後所見如一，但後者已「反璞歸真」，屬超然物外的俯瞰洞察，實非前者所能同日而語。

活卻從前死路頭——無門關五

走通從前的死路（活人劍），塞阻從前的活路（殺人刀）——為修行者解開煩惱的鐵鎖，也啟開菩提（悟道）的金鎖。師家的職責除此別無其他。

臨濟曾說過：「過去我未開悟時，只是一團漆黑。我心焦腹躁，難以自恃，為求真理，四處奔波。後來，我得到名師的點化，終於開了道眼。」

臨濟遇黃檗和尚與大愚和尚之後「活卻從前死路頭」。麻谷是章敬說他「好，好！」時就自以為悟了道；然而南泉卻說他「不行，不行！」挫了他的銳氣。麻谷因南泉而「死卻從前活路頭」。

【品曰】

若囿於悟道之念，便是被黃金鎖束縛了自身。鐵鎖、金鎖都一樣，終是未得解脫。

找心找不到——無門關四十一

達摩在面壁坐禪。當時中國的一流大學者神光來向他討教。可是達摩只管自坐，不理會神光。神光立雪斷臂，以示求道的決心。神光請求道：「弟子心未安。」

達摩對他說：「請你把那顆不安的心拿來，我再幫你安。」

神光道：「我探覓多時，總找不到它。」

達摩說：「我已給你安好了心。」

【品曰】

找心不到即「迷」，而「悟」由「迷」始，正通向「心已安好」之途，所謂「死而後生即禪之道」。

心不可得——無門關廿八

德山和尚對《金剛經》研習很深。聽說南方興起了一門「教外別傳」的禪宗，他甚是憤慨；為了打敗這一邪宗，他離開了故鄉蜀國，趕到澧州。途中他向茶店裡的老婆婆買點心吃。

老婆婆問他：「和尚，你背的是什麼書啊？」

德山答道：「金剛經疏抄。」

老太婆又問道：「我聽說，《金剛經》裡有『過去心不可得，現在心不可得，未來心不可得』的文字，和尚你要點心，請問你要點哪個心呢？」

德山給老婆婆這麼一問，直落得張口結舌，一句話也答不出來。

一個茶店的老婆婆都能問得如此高妙，肯定附近有道行高潔的禪匠。向老婆婆一打聽，原來五里之外有座龍潭寺，住持就是龍潭禪師。

【品曰】

「心不可得」何處求？須自覺、自悟、自識。老婆婆的「點心」禪味悠悠。

青原白家酒——無門關十

有位僧人對曹山和尚說：「我清稅既孤獨又貧窮，懇請老師周濟我。」

曹山於是喊道：「清稅。」

僧人答道：「在。」

曹山微笑道：「你都吃了三大杯青原那裡的名釀酒家白氏造好的酒，為什麼還說酒未沾唇呢？」

所謂孤貧乞施，是一種悟後的高慢態度，也就是說他已經體驗到真空無相，胸中無一物了。

對此，曹山先直呼其名；在他回應時，就等於間接地提醒了對方：「誰在回答？你是誰？絕不是空，對嗎？」但他沒有這樣說理，只是說他已飲過三盞名酒了，又何必隱瞞這件事呢？

【品目】

禪的真誠不僅在於對空的領悟，更在於對空的顯示。

台山路向何處——無門關卅一

趙州和尚的觀音寺附近有個小茶店，有一位老太婆在那裡照顧。茶店前面有個分支路口。參遊五台山的雲水僧們常常問老太婆：「請問到五台山的路怎麼走？」

老太婆指點道：「你徑自走。」

僧人剛走了幾步，老人家又說：「修行好的和尚就是這麼走嘛！」

第二天，趙州到茶店前問路，老太婆的回答也同往常一樣。

趙州默默地低頭走開了。

【品目】

「徑自行走」，便是禪道。

空手去，空手歸——五燈會元

雪峰義存禪師在福州開堂說法時，有個和尚問他：「您以前在德山老和尚那裡，到底得到了什麼才離開他老人家的呢？」

雪峰禪師說：「你不要以為我在德山老和尚那裡得到了什麼。我可是空著手去，空著手歸的哪！」

【品曰】

萬事萬物之「道」源本於「空」；得到了「空」，也便得到了「道」。故「空手去」與「空手歸」，實在是大不相同的。

隔江搖扇——五燈會元

襄陽高亭的簡禪師去參拜德山宣鑒禪師，剛剛隔著一條大河看得見，就迫不及待地在河這面大聲發問：「師父，我不知道禪的真義何在？請告訴我！」

德山隔著河，只是搖了搖手中的扇子，算是回答。簡禪師忽然開悟了，於是沿著河邊獨自走開，再也不回看一眼。

【品曰】

「隔江搖扇，便知回頭。」這是禪宗的一則佳話——當我們執著地去苦苦覓求，反易陷於迷誤，不得要領；若放鬆泰然，倒可以豁然開朗，隨手拈來。

德山焚書——五燈會元

德山宣鑒禪師在龍潭崇信那裡開悟後次日，把自己有關佛法的著作全堆在法堂上。他舉起一支火炬，說：「就算是窮盡了一切最高明、最嚴密、最系統的理論與說教，也只等於把一根毫毛放在宇宙中那樣有限和藐小；就算是用盡了全部人類的聰明才智，也恰似把一滴水投入那巨大的山谷裡那樣可憐且微不足道。」於是他把自己的著作一把火燒了。

【品日】

認識自身的「小」與「無」，正是對道的「大」與「有」接近。這把「火」焚毀的並不是自己已掌握的「有」，而是從「無」中向更高層次的「有」繼續昇華。

若有也須吐卻——五燈會元

北宋的曹洞宗大師中，投子義青禪師是極為著名的一位。但他卻沒有在他的衣缽老師太陽警玄禪師那兒得道，而是在臨濟宗的著名大師浮山法遠禪師那兒開悟的。

義青到浮山法遠禪師那兒參學時，浮山法遠禪師對他客氣周到，要他看佛教之外的其他教派，問釋迦牟尼佛：「我們不在有思想和語言的地方提問，也不在沒有思想和語言的地方提問」之類的故事。

過了三年，有一天，浮山法遠禪師問他：「你可還記得我讓你參的那些個嗎？試說說看。」

義青剛準備回答，浮山法遠禪師忽然用手掩住他的嘴，不讓他說。

這時義青忽然大悟。

浮山法遠禪師說：「你已經巧妙地領悟禪宗的玄機了嗎？」

義青說：「如果我真的有所領悟，我也會把它吐出來的。」

【品日】

參禪不在於接納前人的「衣缽」。「若有也須吐卻」，唯其如此，才會有自我感悟的真性，禪也就永無止境。

一刀兩斷——五燈會元

南宋高宗年間，妙普庵主被強盜抓住了，並準備殺他。他向強盜要來紙筆，自己給自己寫了一篇祭文，並說：「國運不好，百姓遭難，我卻是在災難中能夠享受快樂的剛烈漢子。今天是我回到西方極樂世界的良辰吉日，請你們成全我，給我來個一刀兩斷吧！」又向強盜疾呼：「快殺！快來殺呀！」強盜們很是驚訝，以為遇到了菩薩，於是向他賠罪，趕緊遁逃而去。

【品日】

超然於生死之外，便如入無人之境，天地間唯有一個坦然無懼的「我」，大智、大勇皆由此而生。

三界大師——五燈會元

泗州大聖塔的一個看護僧人，每天晚上都準時把塔門鎖了。有一個人問他：「大聖既然是三界大師，佛、菩薩一樣的聖人，為什麼還被你這樣的凡俗弟子所禁閉呢？」這個僧人無言可答。

【品目】

由凡人創造的「聖賢」，必得由「凡人」啓閉。真正的聖賢自然也不在「塔」中。

功德天和黑暗女——續傳燈錄

上堂時，繼成禪師對眾僧說：「如果一霎之間心地清淨，魔王殿裡就有了佛。如果一霎之間產生惡心，佛殿裡就有了魔王。衣懷禪師說過：『就這樣誠信地去做，叫做腳踏實地而行，再也沒有別的辦法，也沒有別的道理。』老僧舉說了這些話，就恐怕你們各位見兔放鷹，刻舟求劍。為什麼呢？無論是功德天女，還是黑暗天女，對於有智慧的主人來說，兩者都不接納。」

【品曰】

悟透禪者，視神魔無異，內心明澄虛空，一切拒之門外。

入籠入檻——五燈會元

重元禪師住持寺院後，僧人問：「什麼是禪？」

禪師答：「進入囚籠。」

僧人拍掌。禪師說：「跳得出來是好手。」

僧人正在思慮，禪師說：「了結啦！」

【品曰】

能「入」能「出」，解脱形式，體悟精神，便是禪的真諦。

「無」字鐵掃帚——如淨語錄

上堂時，如淨禪師說：「心中情念紛飛，該怎樣著手？趙州（從諗）曾說狗無佛性，這個『無』字是把鐵掃帚。掃到的地方（情念）紛飛更高，紛飛高的地方更加要掃。愈掃愈多，不能掃的地方則拼命掃。日日夜夜，打起精神，勇猛精進，切勿泄氣。一旦掃破太虛之空，萬別千差豁然貫通。」

【品曰】

日日「掃」，為漸悟；一旦貫通，為頓悟。兩者相輔相成，缺一不可。

煩惱即菩提——神會語錄

一次，給事中（官職名）房綰向神會禪師詢問「煩惱就是菩提」的含義。神會禪師回答：「我現在用虛空來作比喻。虛空本來並無變化，不因為光明來就光明，黑暗來就黑暗。其實，黑暗的虛空就是光明的虛空，光明的虛空中就是黑暗的虛空。明、暗雖本來就有產生和消失，但虛空本身沒有變化。煩惱就是菩提，道理也是如此。迷、悟雖然有差別，但菩提心卻不會有所變化。」

【品目】

菩提智慧正是在不斷截斷煩惱中產生的。

不記年歲——五燈會元

武后徵召慧安禪師來到京都，當作老師接待，與對神秀禪師一樣看重。

武后曾經問慧安禪師：「年紀多大？」

禪師回答：「不記得。」

武后說：「怎麼會不記得？」

禪師答道：「此身有生有死，如同沿著圓環轉動。圓環沒有起點，也沒有盡頭，如此還要記年歲幹什麼？何況此心如水流動，中間並無間隙。看到水泡（比喻人生）的生靈，不過虛妄的思想罷了。從初有意識到此身毀滅為止，一直都是這樣。還有什麼年月可記呢？」

【品目】

禪者視一切圓融虛空，年歲也如流水，匯成了澄明的一切。

舒縮一任老僧——五燈會元

上堂時，眾僧聚集。光仁禪師在禪座前對眾僧說：「不辜負平生行腳所得的法眼，給我提個問題，有人提嗎？」

眾人無言以對。

禪師說：「如果沒有，就升座啦。」於是就登上禪座。

有個僧人走出來禮拜。禪師說：「辜負我暫且不提，為什麼辜負大眾呢？」說完就回方丈去了。

第二天，有個僧人請求辨明上面的話是什麼意思。

禪師回答：「開齋有飯給你吃，夜裡有床給你睡，卻一直逼迫我幹什麼！」

僧人禮拜。禪師說：「苦！苦！」

僧人說：「請老師直接指示。」

禪師就垂下一條腿說：「舒展收縮，隨老僧的便。」

【品曰】

光仁禪師之意在於一切「順其自然」。「逼迫」老僧便彼此不自然，離禪遠矣。

我不會佛法——祖堂集

有個僧人問慧能大師：「誰學到了五祖弘忍的禪法？」

慧能大師答：「領悟佛法的人學到了。」

僧人問：「大師您可學到了嗎？」

大師答：「我沒學到。」

僧人問：「大師為何沒學到？」

大師答：「因為我不領悟佛法。」

【品曰】

禪家提倡頓悟，反對言辭糾纏；僧人喋喋不休，大師自然只有一「推」了之。

無心恰恰用——五燈會元

僧徒問法融禪師：「正當用心思慮的時候，如何能使心安穩些呢？」

法融禪師回答：「正當你用心的時候，恰恰是心無可用。細微曲折的談論實在是互相造成疲勞，簡單直率的話語可避免煩瑣滯重。無所用心恰恰是在用心，常久地用心恰恰是未曾用心。現在說無所用心，和用心思慮並沒有什麼兩樣。」

【品日】

苦心思慮和煩瑣談論，並非禪道；無所用心、恬淡由之，則可進入禪境。

聖諦亦不為——五燈會元

青原行思禪師請教六祖慧能大師時問：「如何修行才不會落在六道輪迴之中？」

六祖問他：「那你曾經修行過哪些東西？」

青原說：「佛法的最高道理我也不願去修行它。」

六祖又問：「那麼你現在處於六道之中的哪一道之中呢？」
青原說：「最高的佛理我尚且不願留心，還去留心處在六道之中幹什麼！」
對他的回答，六祖大師非常器重，認為他是一個很有前途的學生。

【品曰】

刻意追求非禪道，順其自然即禪境。

眼裡曈人吹叫子——景德傳燈錄

有一僧人問全付禪師：「路途上遇到得道的人，不可用語言或沈默來應付，不知該如何應對呢？」
全付禪師回答：「眼裡的曈人在吹哨子。」

【品曰】

眼為心窗，以目傳感，以心會心。

閑名在世——五燈會元

洞山良价禪師六十三歲的時候，準備圓寂了，他對僧眾說：「我有一些虛名在外，而且影響不小，這使我心中不安。你們之中，有誰能為我把虛名除掉？」

這時有個小沙彌站出來說：「老和尚，您老的法號是什麼？」

洞山禪師滿意地說：「我的虛名終於消失了。」

【品目】

禪宗追求「無我」，「名」如影相隨，亦必除盡而後安。

步步踏著——五燈會元

有個和尚問清涼文益禪師：「在子丑寅卯等十二個時辰中，也就是在我的全部生活中，如何修行呢？」

文益禪師說：「那就應該像走路一樣，每一步都踏在實地之上。」

【品曰】

步步踏著，不獨修行如此，亦是人生之道，倘若偶遇虛空，便要難免「一失足成千古恨」。

青山不動——五燈會元

有個和尚問靈雲志勤禪師：「怎樣修行，才能達到不受生、老、病、死這幾種無常的生命現象的痛苦？」

靈雲禪師說：「你看見前面那巍峨的青山嗎，它直立在那兒，千秋萬年也不動，任隨朝雲暮雨，來來去去。」

【品曰】

禪宗認為，「我」如同不動的青山，而生老病死如同青山旁來去不定的浮雲。能如此認識「我」，則一切無足輕重，達到「常、樂、我、淨」的精神境界。

識心見性——壇經

一切佛經書籍，以及各種佛教論著，大小二乘佛教，十二部類經典，都因人而置；因為人性具有智慧的緣故，所以這些經典論述才能建立。如果世間無人，一切佛法本來是沒有的。因此可知所有佛法本來因人而設，一切佛經書籍因有人講習才得以產生。因為在人眾裡有愚有智，愚迷的是小人，睿智的是大人。愚迷者向睿智者請教，睿智者向愚迷者說佛法，使那些愚迷者醒悟理解。愚迷者如果醒悟理解，便與大智者沒有區別。

【品日】

如果沒有頓悟，佛也就如同眾生；而如果一念頓悟，眾生皆可成佛。

第八部

大道無門

不要執迷於啟「門」的鑰匙。
無門之處，便處處是門。
只須你悠悠自在地走過去，
條條大道，皆為禪路，
「透得此關，乾坤獨步。」

大道透長安——古尊宿語錄

一個和尚問趙州從諗禪師：「什麼是道？」

趙州說：「寺牆外面就有道路嘛！」

那個和尚說：「我不是問道路的道。」

趙州問：「那你問什麼道？」

和尚說：「我問的是我們修行的大道。」

趙州說：「這條大道嘛，它一直通向長安城。」

【品日】

真正的道，仍在現實中，在萬事萬物中，只要慧眼識得，處處通「長安」。

佛法亦有少許——祖堂集

侍者來辭行時，道林禪師問：「你打算到哪兒去？」

侍者答：「到各地學習佛法。」

禪師說：「如果說佛法，我這裡也有一點兒。」

侍者就問：「什麼是這裡的佛法？」

禪師從衣服上抽出一根紗絮給他看。

侍者當即有悟。

【品曰】

多少人長年修行，苦苦追尋，殊不知覺悟之門就在各自身邊，各自眼前。

瓶中養鵝——五燈會元

陸亙問南泉禪師：「古時有人在一只瓶子中養了一隻小鵝。後來小鵝漸漸長大了，無法從瓶子裡出來。如果不把瓶子打碎，也不損傷這隻鵝，老和尚您有辦法讓鵝從瓶子裡出來嗎？」

南泉笑了笑，招呼道：「刺史大人！」

陸亙立即應答了一聲。

南泉說：「這不是出來了嗎？」

陸亙因此領會了禪宗的妙趣。

【品日】

「解鈴尚須繫鈴人」。在「解」與「繫」之間，禪的思維無障無礙，超越一切。

佛說魔說——五燈會元

溈山靈佑禪師問仰山：「在四十卷《涅槃經》中，有多少是佛在說法，多少是魔在說法呢？」

仰山說：「統統都是魔在說法。」

溈山說：「看來，今後是沒有人能奈何你的了。」

【品日】

一「通」百「通」，在真正高境界的禪者眼中，魔即佛，佛即魔，佛魔平等無二。仰山已有此慧眼，誰能「奈何」！

無下手處——五燈會元

有個和尚問曹山本寂禪師：「在國內掌著生殺大權的是誰呢？」
曹山說：「就是我曹山嘛！」
和尚問：「你準備殺哪個呢？」
曹山說：「什麼人都殺。」
和尚問：「那你突然碰上親生父母，又該怎麼辦呢？」
和尚不待曹答，又問：「那時你心裡可能會感到很難辦吧！」
曹山說：「誰又能夠使我感到難辦呢？」
和尚問：「你為什麼不敢親自動手去殺呢？」
曹山說：「你怎麼不知道，殺歸殺，可從來就沒有可以下手和值得下手的地方啊！」

【品日】

「佛法在世間，不離世間覺。」

我們既要從現象世間中解脫出來，又並不否定這現象世間。

「無下手處」正是在兩者之間的「超然」。

昨夜和尚　山頂大笑——傳燈錄

藥山和尚某次登山夜行。夜色陰沈，到山頂時，忽見雲開月現，藥山不禁哈哈大笑。笑聲傳到十多里以外還聽得見。鄉里的人都聽見了那自東邊傳來的笑聲。第二天早晨，他們相互探訪，最後問到藥山這裡來了。寺裡的小和尚告訴眾鄉人道：「那是我們老師昨晚在山頂上大笑的聲音哪！」

【品日】

這是忘我的，與四境合而為一、與天地合為一體的藥山的笑聲，是禪師本人禪心的表現，亦是我們所嚮往的禪境！

沙門所重——五燈會元

有個和尚問清涼文益禪師：「什麼是沙門（出家人）最為看重的呢？」

文益禪師說：「一個出家人在心裡哪怕還有一絲一毫所看重、所留戀的東西，便算不得真正的沙門。」

【品曰】

佛門乃空門，唯有以「空」，方能入「空」。

賊入空室——景德傳燈錄

有一僧人問居遁禪師：「學禪者得到個什麼就徹底省悟了？」

居遁禪師回答：「好比竊賊進入空的房間。」

【品曰】

賊入空室，一無所得；一無所得（「空」），即得真禪。

擬欲歸鄉——景德傳燈錄

有僧人問道膺禪師：「弟子打算回鄉，該怎樣呢？」

道膺禪師回答：「這就是。」

【品曰】

反璞歸真，回歸心靈的家園，處處都是門徑。

大廈之材　本出幽谷——楞伽師資記

有人問弘忍大師：「學習佛法為什麼不在城市，不在人群集聚之地，卻要在這裡居住呢？」

弘忍大師答道：「建造大廈的木材本來就出自幽深的山谷，不會在人聚之處長成。因為遠離人群，不被刀斧砍削損傷，能夠一一長成大材，日後才能用作棟樑。所以學習佛法，應該在幽谷裡栖息精神，遠遠避開煩鬧的塵世，在深山中修養情性，長期地辭別俗世雜務；眼前沒有俗物，心中自然安寧。這樣學禪，如同種樹，便能開花結果。」

【品曰】

禪者心中的恬淡與平靜，才是真正深廣而寧謐的幽谷。

萬靈歸一——景德傳燈錄

元和十三年（八一八）三月二十三日，靈默禪師沐浴燒香，端然而坐，告誡大眾：「法身圓寂，顯示有去有來，千聖來源相同，萬靈終歸於一。我今天如浮漚散滅，何須產生悲哀？大眾不用勞神，須存正念。如能遵從此命，是真正地報我師恩；倘若定要違背我的話，那就不是我的弟子。」

當時有僧人問：「和尚將到哪裡去？」

禪師答：「無處去。」

僧人又問：「我為何看不見？」

禪師答：「不是眼睛所能看到的。」

【品曰】

禪超然物外，不限時空，「無處去」則處處可去，「看不見」則時時可見（亦即心見）。

古鏡二問——五燈會元

曉舜在洞山曉聰禪師會中參學。有一天，他到武昌乞化，首先到劉公居士的家。劉居士品行高尚，被當時人所敬重，他的意見，沒有人不聽從。曉舜年紀輕，不知道居士飽經參問，很有點輕視他。

居士說：「老漢有個問題請你回答，如果意旨相契合就布施，如不相契合就請回山去。」隨即問道：「古鏡未磨的時候怎樣？」

曉舜答：「黑似漆。」

居士又問：「磨了之後怎樣？」

曉舜答：「照天照地。」

居士拱手相揖，說：「請上人回山吧！」

曉舜慚愧地回到洞山。

洞山禪師問他為何這麼早回山，曉舜把事情的經過告訴了他。

洞山說：「你來問我，我回答給你看。」

曉舜提出劉居士的第一個問題，洞山回答：「此去漢陽不遠。」曉舜又提出劉居士的第二個問題，洞山答：「黃鶴樓前鸚鵡洲。」

曉舜聽後，當即大悟，從此機鋒銳利，不可觸摸。

【品日】

古鏡（佛性）本自清淨，磨與不磨，均與「漢陽」（本性）相去不遠；磨後則愈顯清晰明徹，「鸚鵡洲」歷歷在目。曉舜之答，尚有執迷未悟處，難免要吃「閉門羹」！

烏龜鑽破壁——五燈會元

文悅禪師上堂對眾僧說：「即使心能通達無限的時間，可是遠古以來和今天有何不同？說說看，今天的事怎麼樣？」

停了片刻，眾僧無語。

禪師又說：「烏龜鑽破壁。」

【品目】

遠古與今天，僅一「壁」之隔，一「鑽」即過。

狗子有無佛性——無門關一

有位參學僧問趙州和尚：「狗有佛性嗎？」

趙州和尚回答：「無！」

佛性即本來的面目，並非可否成正果的意思。

僧人又問：「上自諸佛，下至螻蟻，皆有佛性，為什麼狗卻沒有呢？」

趙州答：「因為狗有業識，有煩惱之念。」

上面的內容出自《趙州錄》。在《從容錄》中又有這樣一個問題——

問：「狗有佛性嗎？」

趙州答：「有。」

問：「既然有佛性，那就不該淪落為畜生，為什麼狗又成了畜生呢？」

趙州答道：「狗知而故犯哪！」

這就是「禪宗無門關」的由來。它提示禪以通過狗「有」「無」佛性之論打破有無之執：「莫作有無會」，即不要採取「有」或「無」的相對認識，而應該整個身心都集中到一個「無」字上來；這是絕對的無，亦是禪的特別之處。

【品日】

大道無門，過了無門關，即可自在逍遙，乾坤獨步！

豈是僧耶——景德傳燈錄

有一次，景鐵禪師吃飯時沒披袈裟。有個僧人問：「不成了俗人嗎？」禪師反問：「如今難道是僧人嗎？」

【品日】

僧俗無別，才入了真「僧」，與「袈裟」無關也。

那個不痛——景德傳燈錄

從展禪師看見一個僧人，就用拄杖敲打露柱，又敲打僧人的頭。僧人痛得叫起來。

禪師問：「那個為什麼不痛？」

僧人無言應對。

【品曰】

「痛」與「不痛」，在禪看來皆無「分別」。

「僧人無言」，不是大悟，便是不悟。

歸家與迷路——景德傳燈錄

有一僧人問智孚禪師：「迷路的人還沒有回家的時候，是怎樣的呢？」

智孚禪師回答：「不在路途中。」

僧人又問：「回到家裡又怎樣呢？」

禪師答：「正迷著路哩。」

【品目】

看似顛倒荒唐，實乃禪境——禪無「分別心」，萬事渾然一體。

併卻咽喉唇吻——五燈會元

溈山、五峰、雲岩三位侍立著，懷海禪師問溈山：「閉上咽喉和嘴巴，怎麼說話？」

溈山回答：「請您說。」

禪師說：「不是我拒絕對你說，恐怕以後喪失了我的兒孫。」

然後又用同樣的問題問五峰。

五峰回答：「您也要閉上。」

禪師說：「沒有人的地方，我手搭涼棚望你。」

最後仍用同樣的問題問雲岩。

雲岩回答：「您知道嗎？」

禪師說：「喪失了我的兒孫。」

【品曰】

禪主張擺脫傳統的正常思維方式，故禪師使用矛盾語言，逼使僧徒陷於苦思無解的境地，以求進入新的境界。

佛來亦不著——祖堂集

有個僧人敲寺院門。玄素禪師問：「什麼人？」

僧人回答：「是僧人。」

禪師說：「不要說僧，佛來也不容納。」

僧人又問：「為什麼佛來也不容納？」

禪師說：「這裡沒有您栖止之地。」

【品曰】

寺院竟不容許僧、乃至佛栖止，看似荒唐；然而，無視於常識，拋撇傳統觀念，正是禪語風格。

銜一莖草來——五燈會元

南泉禪師向僧眾宣布，他即將圓寂了。寺院裡的首座和尚問南泉：「老和尚，你去世之後準備到哪兒去？」

南泉說：「我死後去得不遠，就在這座山的山腳下當一條水牯牛。」

首座和尚又問：「我如果要追隨您老去變牛，不知辦得到否？」

南泉說：「你若要陪我去變牛，且銜一莖草來給我看看。」

【品曰】

有誠心者，可以做到一切。「銜一莖草來」，不過一試誠心而已。

合掌坐亡——五燈會元

龐蘊居士即將逝世，對靈照說：「看著太陽，注意時間，到了正午就來告訴我。」

靈照馬上就說：「太陽已在正中啦，只是有缺蝕呢！」

居士出門觀看時，靈照就登上父親的座位，合起手掌，坐著去世了。

居士笑著說：「我的女兒機鋒真迅捷呵！」於是就延期七天逝世。

【品日】

禪悟者對待死的態度可謂談笑自若，「視死如歸」，真令人沈思不已。

謝大眾證明

法會問馬祖：「達摩祖師西來的意旨是什麼？」

馬祖說：「小聲點！走近來一點向你說。」

法會就走上前。馬祖打他一巴掌，說：「人多不便說話，你先去，明天來。」

第二天，法會獨自一人走進法堂，說：「請和尚說。」

馬祖說：「你先去，等我上堂時再出來問，給你印證。」

法會忽然省悟，說：「感謝大眾為我印證！」說罷在法堂裡繞行一圈，離開了。

【品曰】

有人時要待無人，無人時要待有人，當馬祖把法會逼到兩難的絕境時，省悟的光芒突然閃現。

見性非眼——景德傳燈錄

相國崔群出京任湖南觀察使，見到如會禪師時問：「禪師因為什麼而得法？」

禪師回答：「因識見本性而得。」

當時禪師正患眼病，崔公譏諷地說：「既說識見本性，對眼睛又有什麼辦法？」

禪師說：「識見本性無須眼睛，眼病有什麼妨礙？」

崔公於是行禮道歉。

【品曰】

崔相國俗眼不識悟者的法眼。

鐫佛得否——景德傳燈錄

陸亙大夫問普願禪師：「弟子家中有一塊石頭，有時坐在上面，有時躺在上面，如今想雕作佛像，行嗎？」

普願禪師答：「行。」

大夫問：「恐怕不行吧？」

禪師答：「不行，不行！」

【品目】

在得道禪師看來，「行」與「不行」並不對立，而是渾然一體的。

經豈異邪——五燈會元

有一次，馬祖問智藏：「你為什麼不看經書？」

智藏說：「經書難道不是一樣的嗎？」

馬祖說：「是的。雖然如此，你以後教化別人也用得著。」
智藏說：「我有病，想自我調養，怎敢說教化別人？」
馬祖說：「你晚年必定興盛於世。」
智藏就向馬祖致禮。

【品曰】
智藏的回答體現了萬法如一、無為無事的佛禪精神，故得到其師馬祖讚賞。

曹山好手——五燈會元

有個和尚來到曹山本寂禪師那裡參學時說：「我帶了一塊璞玉投奔您老人家，希望您能把這塊璞玉雕琢成一件精品。」
曹山說：「我不雕琢。」
和尚問：「你為什麼不願雕琢？」
曹山說：「要知道，只有這樣，才顯示了我最高的藝術創作手法。」

【品曰】

反璞歸真，「真」乃極境。極境來自天然，而曹山的「不為」正是保持其天然極境的最好手法！

曹山孝滿——五燈會元

一個和尚問曹山本寂禪師：「當哀悼死者的靈堂設施收拾起來之後，是一種什麼樣的情景呢？」

曹山說：「那就像是我曹山服孝的日子滿了。」

和尚又問：「那您孝滿之後又做什麼呢？」

曹山說：「這時我就可以暢快了。喂！快拿酒來。」

【品曰】

高超的禪境，一切自如順暢，無掛無礙。

以思無思之妙——五燈會元

仰山慧寂最初問他的老師溈山靈佑說：「怎樣才是真正的佛菩薩安處之處？」溈山禪師說：「真正的佛菩薩都達到了思維活動之外的玄妙境界，此境界反過來又使整個精神力量無窮無盡——這可是你得用功夫的呵！無論思維的作用有多大，也有它的極限，如果能使它返本歸源，這樣就能使我們精神本身和一切現象世界和諧——它們的統一就達到了永恆。所以事物的真理是不能分割的，真正的佛菩薩就是這樣真性常住不變，並且圓融無礙的啊！」

仰山聽後，頓有所悟。

【品目】

在高深的禪者看來，永恆與一瞬已無差別。此即所謂「思盡還原」、「圓融無礙」。

道眼不通——五燈會元

清涼文益禪師問一個和尚：「泉眼不通的時候，是被沙子堵塞住了。但認識佛法真理的『道眼』睜不開，看不明時，又是被什麼東西堵塞住了呢？」

那個和尚無言以對。

文益禪師代他回答說：「這是被俗眼（錯誤的認識）堵塞住了。」

【品曰】

人生大道之中，最大的動力是自身，最大的障礙亦是自身，修禪便是去「俗眼」，通「道眼」。

眼不容金——五燈會元

羅漢桂琛禪師問一個新來的和尚：「你從哪裡來？」

和尚說：「我從南方來。」

桂琛又問：「那裡的和尚怎樣教導大眾？」

和尚答：「他們說：金粉——真理雖然貴重，但眼裡卻是沾染不得的——不能放在心上成為我們的包袱啊！」

桂琛說：「那也未必！我認為，整個須彌山——世界——不正是在你的眼裡嗎？」

【品曰】

禪洞悉、包容一切，但一切都不容成為禪的負累。

背佛而坐——五燈會元

有個遊方的行者到了佛殿裡，背靠著佛像而坐。

廟裡的和尚指責他：「你這個行者太無理了！請不要背對著佛坐！」

行者說：「師父，佛教不是說：佛的身體充滿了整個宇宙嗎？那你說我應該坐在什麼地方，才不至於坐在佛的身體上呢？」

廟裡的和尚無言以對。

【品曰】

「形式」是次要的，重在「實質」——行者的言談、行狀，機鋒畢露，大有禪境！

不是心　不是佛　不是物——無門關廿七

有位修行僧問南泉：「大師，你有沒有跟人說過法呢？」

南泉答：「說過。」

僧人接著問道：「是什麼？」

南泉答道：「不是心，不是佛，不是物（眾生）。」

說物是眾生，是根據《華嚴經》而來的。《華嚴經》中說：「心、佛與眾生，這三者沒有差別。」

《五燈會元》中還有這樣的記述——

南泉自言自語道：「江西的馬大師說『即心即佛』。王老師（南泉自稱）就不這麼說。王老師只說『不是心，不是佛，不是物』。這難道有什麼過錯嗎？」

趙州聽後，當場作揖，拜謝老師的指教。

【品曰】

本質是相同的，表現則各有千秋。禪只關心本質。

妄想顛倒——景德傳燈錄

有一僧人問文邃禪師：「什麼是道？」

文邃禪師答：「虛妄之想，真偽顛倒。」

僧人又問：「什麼是極鋒利的吹毛劍？」

禪師答：「擀麵杖。」

【品曰】

以「擀麵杖」為「吹毛劍」，正是「虛妄之想，顛倒真偽」的具體闡說。

荒唐與真諦極境只隔一層紙，禪正是要穿透它，進入「無差別」境界。

陳操只具一隻眼——碧岩錄

陳操居士前來拜訪資福和尚。

資福見居士前來，就馬上用禪杖在空中畫了一個圓圈。這是資福按照仰山宗的家傳之法，畫一個佛的圓圈，迎接居士的來訪。

遺憾的是陳操卻不理會。他說：「我既然已經來了，就當用真空無相的法門之禮，為什麼多此一舉，畫什麼空圈圈呢？」一副大悟大得的羅漢的得意神情。

資福見居士機緣不投，就回身關上了門戶。

【品日】

陳操有自覺之眼，而沒有覺他之眼，故雪竇認為「陳操只具一隻眼」。因為圓相正是「主客圓融」的大智（即自利）大悲（利他）的象徵。

竹葉清風——虛堂錄

虛堂和尚（一一八五～一二六九）的三位法友石帆、石林、橫川到靈隱寺旁的鷲峰庵拜訪虛堂。臨別之時，虛堂送他們三人到門口。

門前修竹亭亭，碧綠的竹葉在輕風吹拂下「沙沙」作響，好似輕柔地演奏著一曲友情的讚歌。虛堂不禁詩情大發，吟曰：「相送當門有修竹，為君葉葉起清風。」

【品日】

禪語中的「一期一會」，一期指一生，一會即會面一次，講述的也是「君子清純的心情」。送友也好，道別也好，晤面也罷，禪者對友人都是抱著這番清純之心。在我們普通的生活中，禪無時無刻不在啓迪著我們。

三喝四喝——碧岩錄十

睦州和尚問一位遊方僧：「你剛從何處來？」

僧人卻不回話，只是大喝一聲。也許是臨濟的徒子徒孫吧，喝得倒是很有底氣。

睦州戲言道：「哎呀呀，想不到老衲倒吃了你一喝。」

老和尚為何自認輸了第一招，也許是要真正地試一下這個僧人修行的真偽深淺吧！

僧人又喝了一聲。那氣勢有點過頭。

睦州心中直覺得好笑，說：「三喝四喝之後你會怎樣呢？你是想成為悟道的奴隸吧！要是老這麼緊張，你會不擊自敗，自己先垮下去的。怎麼樣，還是輕鬆一點吧！」

僧人無言以對，也不喝叫了。

睦州狠狠揍了他一下：「你這淺薄之徒，裝腔作勢幹什麼?!」

【品曰】

禪不在「顯示」。一再顯示，便如吆喝不斷，終究不擊自垮。

見左角　見右角——五燈會元

常觀禪師問一僧人：「你從什麼地方來？」

僧人答道：「從莊上來。」

禪師問：「你看見牛了嗎？」

僧人答：「看見了。」

禪師又問：「看見了左角？還是右角？」

僧人無言以對。禪師代答道：「未看見左右。」

【品日】

禪以牛喻佛。僧雖見牛「見性」，卻不知禪無「分別」之心，無「左右」之分，故雖悟而未透也。

投子山主——景德傳燈錄

有一天，趙州從諗和尚來到桐城縣，大同投子禪師正好出山，途中相遇而不相識。

趙州向俗家人士暗中打聽，知道是投子，就迎上前問道：「大概是投子山主吧？」

大同說：「茶鹽錢求您給一個！」

趙州就先到庵中坐著。

過了一會兒，大同提著一瓶油回庵了。

趙州說：「很久嚮往投子，來到這裡只見著個賣油翁！」
大同說：「你只看見賣油翁，卻不認識投子。」
趙州問：「投子是怎樣的？」
大同回答：「油！油！」

【品目】
「賣油翁」便是投子，「投子」便是賣油翁。何必去「分別」呢？

只為汝——洞山語錄

良价禪師洗缽盂時，看見兩隻烏鴉在爭奪蝦蟆。
有個僧人就問道：「這件事為什麼弄成這樣？」
禪師回答：「就是因為你。」

【品目】
禪者性空，一切視若無睹。若無「分別」之心、「思慮」之念，哪有「此事」?!

靈利道者——景德傳燈錄

普願禪師從前築庵隱居時，有個僧人來到庵中。

普願對那個僧人說：「我現在上山去，你到中午做飯，自己先吃，然後送一份到山上來。」

過了一會兒，那個僧人自己吃了飯之後，卻把碗盆之類全部敲破，就上床睡覺了。

普願在山上等不到人，便回到院中。

看到那人躺著，普願也去躺在他邊上，僧人就起身離去了。

禪師主持寺院以後說：「我以前住庵時，碰到一個靈利的僧人，直到如今沒有見到過他。」

【品目】

禪主張拋棄「規範」，常有反「常態」之言行舉止。

普願禪師謂此僧「靈利」，道理也正在於此。

觸目菩提——景德傳燈錄

僧人慶諸參見道悟禪師，問：「什麼是目光所及之處的菩提智慧？」

道悟喚道：「沙彌！」

沙彌應答。道悟吩咐沙彌：「給淨瓶添水。」然後再問慶諸：「你剛才問什麼？」

慶諸重複了前面的提問。道悟聽後，起身離去。

慶諸從此開悟。

【品曰】

道悟的所答非所問，截斷了慶諸的心性迷障；又以起身離去的舉動，喚醒慶諸反觀自心，迸發醒悟的火花。

無一個有智慧——景德傳燈錄

智常禪師從園中取來一棵菜，圍著這棵菜畫了個圓圈，對眾僧說：「不得動這個！」

說罷便走了。

眾僧都不敢動。

不一會，禪師回來，見那棵菜仍在那裡，便拿棒打眾僧，斥道：「這一幫癡漢，沒一個有智慧的！」

【品曰】

禪機之妙，在於應接。拘泥於遵從，禪便死寂。

箭過也——景德傳燈錄

有一位僧人拜見道閑禪師，說：「急切地投拜老師，請接引一下。」

道閑禪師問：「領會嗎？」

僧人答：「不領會。」

禪師說：「箭已飛過去啦！」

【品曰】

禪機如飛箭，稍縱即逝。

螺髻子、蓮花座——五燈會元

有一僧人問暉禪師：「什麼是佛向上（以前）的事？」

暉禪師回答：「螺髻子。」

僧人又問：「什麼是佛向下（以後）的事？」

暉禪師回答：「蓮花座。」

【品曰】

佛「以前」和佛「以後」的道法，在禪師看來，是無須「言傳」闡釋的，故禪師「一語雙關」，令其自悟，可謂妙答！

尋常茶飯——明高僧傳

南宋紹興七年（一一三七），皇帝下詔，讓宗杲禪師住持雙徑。有一天，圓悟（克勤）逝世的消息傳來，宗杲自寫悼詞祭祀先師。當晚小參時，宗杲禪師說：「當年有個僧人問長沙（景岑）：『南泉（普願）逝世後到哪兒去了？』長沙回答：「『東村作驢，西村作馬。』僧人又問：『這是什麼意思？』長沙回答：『要騎就騎，要下就下。』如果是我，就不這樣回答。假使有僧人問：『圓悟先師逝世後到哪兒去了？』我就回答他：『掉到阿鼻地獄去了。』問：『什麼意思？』我就答：『餓了吃烊銅，渴了喝鐵汁。』問：『可有人能解救他嗎？』答：『沒有人能解救。』問：『為什麼不能解救？』答：『本來就是這老頭兒的日常茶飯。』」

【品曰】

在禪的透境之中，一切已無差異，神與魔、天堂與地獄，都是一回事。

六面么子——續傳燈錄

慧勤禪師的方丈裡有六只木頭骰子，六面都寫著「么」字（即「一」點）。僧人一走進方丈，禪師就擲下骰子，並問：「領會嗎？」僧人猶豫之間，就被禪師打著趕出來。

【品曰】

大千世界，萬物如「一」，無差異，勿「分別」。

轉身一路——慧南語錄

慧南禪師上堂對眾僧說：「思慮就錯失，動念就乖違。不思不慮不動念，又和泥土樹木等同。行腳人應該有轉身的門徑。」

禪師提起拂子又說：「這個是山僧的拂子，你們各位怎麼轉呢？如果能轉，一就是無量，無量就是一。如果不能轉，就如同布袋裡的老鴉，雖然活著，等於死了。」

【品目】

轉，乃覺悟的關鍵；轉，即「不離原處」。這正是禪「重視目前」的精神所在。

竹密豈妨流水過——景德傳燈錄

唐天復年中（九〇一～九〇三），善靜往南方參謁樂普元安禪師。樂普很器重他，收為入室弟子，並從事菜園勞務。善靜努力地為大眾做事。

有個僧人打算辭別樂普。樂普問：「四面是山，你往哪兒去？」

僧人無法應對。

樂普說：「限你十天之內作出答語，如契中旨意，就任隨你離去。」

那僧人苦思冥想，一直找不到答語。有一天散步時，無意中走進菜園。善靜驚訝地問：「上座不是告辭離去了嗎？怎麼如今仍在這兒？」

僧人就把沒走成的原因告訴了他，並且一定要他代擬答語。

善靜不得已，只好為僧人代擬道：「竹子雖密，豈會妨礙流水通過；山峰雖高，怎能阻止野雲飛飄。」

僧人聽後，當下有悟。

後來樂普得知了此事，便對眾僧說：「別小看園頭（善靜），將來住持城中寺院，會有五百僧眾追隨他哩！」

【品曰】

禪道無處不在，難以阻遮。「去」與「留」，兩者並無分別。善靜一語中的，僧人亦心有靈犀。

不覺過了一生——宗門武庫

五祖法演禪師有一次說：「世人如同得了瘧疾打擺子一樣，一會兒冷得不得了，一會兒又熱得不得了。就這樣一冷一熱，不知不覺就過完了一生。」

【品曰】

人生就是冷熱交替，五味紛陳。如何感知它，體驗它，全是各人自己的事。

佛像借宿——碧岩錄

桃水和尚在禪林寺住持時，名聲極盛，曾吸引了四方眾多的學徒。

桃水認為禪並不只在寺內才可以修得。為了打破寺院修行的形式主義，他辭去了院職，與乞丐一起生活，世人常不知道他的行蹤。

他老年時，住在京都一座小橋下的茅屋裡，靠編織草鞋來維持生計。

一次，有位窮朋友送給他一張如來佛的像，對他說：「桃水，你當和尚不祭佛是講不過去的。我從廟裡給你討了一張佛像，你就好好祭拜它吧！」

桃水接過佛像，道了謝，便把佛像掛在茅舍的牆上，並在畫像下寫了一些文字——

如來佛呵，你這匆匆的過容，不妨就在我這裡暫時留宿一陣吧！請別介意我的茅房窄小，更別以為我會以為什麼進天國的事煩擾你！

【品目】

真「佛」無處不在，絕不會計較陋室的狹小；正如真「禪」隨性自然，並不注重外在的形式。

說似一物即不中——傳燈錄

南岳和尚初參六祖時，六祖問他：「你從何處來？」

南岳回答：「我從嵩山來。」

六祖又問：「來的是什麼東西？」

其問意是，是什麼引導你千里迢迢到我這兒來的呢？

南岳當時回答不出。經過八年的真心參禪後，南岳終於領悟了六祖所指的「東西」。他的傳諸千世的回答是：「說似一物即不中。」

六祖當時聽了，十分高興，說：「你的看法正合我意。這個『東西』既不可修正，也不可污染，只應該在心中好好加以保護。」

【品日】

「似」不等於「是」；說得再「像」，也立即會對原物有所「偏離」，故「說似一物即不中」。也因此，對任何事物「領悟」的最高境界是「只可意會，不能言傳」的。

各下一轉語

五燈會元

有天晚上，佛果克勤、佛鑒慧勤、佛眼清遠三位禪師陪同他們的老師五祖法演禪師在山亭上閒話。

到回去的時候，燈籠的油燃完了。

法演禪師在黑暗中對他們說：「你們三個人各自就此情景下一轉語——我要看看你們的境界。」

慧勤說：「現在好比五彩的鳳凰，在青天上翱翔。」

清遠說：「這時好像一條鐵石般的巨蟒，橫在古路之上。」

克勤卻說：「還是注意腳下的路吧——不要跌了跟頭。」

法演禪師感慨地說：「能超越和發展禪宗的，只有克勤最能勝任啊！」

【品日】

禪不講求玄虛，而注重「實在」與「平常」——只看著「腳下」，老老實實「走路」，這才是「真人不露相」啊！

山是山，水是水——五燈會元

青原惟信禪師是黃龍晦堂祖心禪師的弟子，他有一次上堂說法時說：「我在三十年前未參禪時，看到山是山，水是水。到了後來，經過老師的幫助，對禪有了入手之處，遂看到山不是山，水也不是水。現在，我的心又有了一個休息的地方，又和以前一樣，看見山還是山，水還是水。大家說說，這三種認識現象是相同呢，還是不同？

【品曰】

孩童天真無邪，老人安泰恬然，兩者有相似的境界，但其間度過了一個漫長的「中年」，畢竟昇華了。故禪的「三種境界」使我們領會了「反璞歸真」的波浪進程。

荒草不曾鋤——古尊宿語錄

有一位法師問臨濟義玄禪師：「聲聞、緣覺和菩薩這三乘法等佛說的十二部教義，難道不是說明佛性的嗎？」

臨濟說：「這不過如同未經鏟除的荒草一樣。」
法師說：「這樣說來，佛豈不是在騙人嗎？」
臨濟說：「那佛又在什麼地方呢？」
法師回答不出。

【品曰】

前人留下的真義，並不是給後人鋪設了一馬平川的大道，依然如同長滿雜草的荒山野徑，需要你用「自己」的腳去「走」。

野花香滿路——五燈會元

長蘆清了禪師是丹霞子淳禪師的弟子，芙蓉道楷禪師的法孫。
有個和尚問他：「經書上說，三世諸佛都是在時間的光焰裡運行著佛法的車輪。是否確有其事？」
清了禪師大笑著說：「我懷疑有沒有這種事呢！」
和尚說：「老和尚您還有什麼懷疑？」

清了禪師說：「春天到了的時候，不論你走到什麼地方，都可以聞到野花的芳香。但在幽谷裡啼叫的雀鳥呵，牠們才不理會什麼春天不春天的呢！」

【品曰】

真禪者沒有時間與空間的限制，「天人合一」，一切無所不在，無所不感。

古澗寒泉——古尊宿語錄

有個和尚問雪峰義存禪師：「古澗寒泉——不可知的生命之流是怎麼回事？」

雪峰禪師說：「這可是沒有起點、沒有終點的呀！」

和尚又問：「飲者——我們能否認識它呢？」

雪峰說：「那是不能從口裡——通過認識去掌握它的。」

這個和尚後來把這個故事向趙州從諗禪師作了彙報。

趙州禪師說：「不從口中——認識中去了解行嗎？難道還能用鼻子去認識嗎？」

這個和尚又問：「那麼古澗寒泉——這個生命之流究竟是怎麼回事？」

趙州說：「這個生命之旅是苦啊！因為生老病死都貫穿在生命之流中。」

和尚又問：「飲者如何——認識了又怎麼樣呢？」

趙州說：「你認識了它，這個生命之流就不再流動了——它就達到了永恆的安寧。」

後來，當雪峰禪師得知了趙州的這一番話之後，不禁說：「趙州老和尚真是古佛應世呵！」於是向著北方頂禮，從此不再談論這一類問題。

【品曰】

生命的本義就在生命的「過程」之中，無須去特別「認識」它——順著它「流動」，本身就是最好的體驗與認識。

如雞抱卵——五燈會元

有個和尚問投子大同禪師：「我一個問題一個問題地提出來，您可以一個一個地予以回答。如果有成千上萬的人同時向您提出無數問題時，您怎麼辦呢？」

投子禪師說：「那我只好像老母雞孵蛋那樣囉！」

【品曰】

世上的道理千萬條，但終極的真理只有一個，如同所有的江河都將匯流到大海。所以解答「一個」與「孵一群」，並沒有本質的區別。

鑄像未成——五燈會元

有個和尚問投子大同禪師：「我準備鑄造一尊佛像——將自己修煉成佛，但至今還未成功。請問我現在應該怎樣做呢？」

投子禪師回答：「不要去『鑄造』就是了。」

【品曰】

佛只能「自然」地「修煉」而成；「刻意」地去「鑄造」，只能成為一種破壞，永無成功之日。

一刀兩斷——無門關十四

南泉禪院東西兩堂的雲水僧為一隻貓引起了爭執。南泉見狀，便把貓提起來，說：「如果你們能說出一句表明佛性的話，我就不殺這隻貓。如若不然，我就不留情了。」

眾人什麼都講不出，南泉就把貓殺了。

當天晚上，高德趙州外出歸來，南泉一提及此事，趙州就把草鞋頂到頭上，一聲不發地出去了。

【品目】

趙州以頂履而出來作回答，而不管什麼貓不貓、殺生不殺生，顯示出禪者的超脫，反而是一種佛性的無言表現。若趙州當時在場，貓倒有救了。

公開的祕密——無門關廿三

慧能暗攜五祖弘忍所授衣缽，離開了黃梅山。五祖的弟子們知道了以後，紛紛出來追趕。

有一位軍人出身的明上座，在大庾嶺追上了慧能。他深為慧能的道力所征服，便向慧能求教。在慧能「父母未生以前的本來面目」提示下，當即大悟。

明上座當時遍體流汗，泣淚作禮，又問慧能：「除了您剛才說的祕密之言與祕密之心以外，還有什麼更為深切的意旨嗎？」

明上座悟是悟了，只是這時還有點小葛藤繞在心中。

慧能告訴他：「我現在跟你說的，絕不是什麼祕密。如果你返照自己的本來面目，祕密反而在你那邊。」

法本來人人具備；你之所以未省察到這一層，是因為你自障面目。佛性，即本來面目，並無祕密可言，如果要強說祕密的話，它也僅僅是「公開的祕密」而已。一切都顯露在你的眼前，而你卻對這一公開的真如視而不見，這能怪誰呢？當然只有自我反省。

【品曰】

盲人不見，不是太陽之過。

住持事繁——五燈會元

臨濟義玄禪師的高足弟子三聖慧然禪師問雪峰義存禪師：「鑽在魚網中的金甲鯉魚吃什麼過日子呢？」

雪峰說：「等你從魚網中鑽出來，我再跟你說。」

三聖說：「您老是一千五百人大叢林的導師，怎麼連我的話也聽不懂？」

雪峰說：「對不起！因為老僧住持事繁。」

【品日】

「魚」喻自性，「網」喻生活與煩惱。雪峰以「老僧住持事繁」巧妙回答了這一問題——自性離不開生活和煩惱。

從何而來——景德傳燈錄

有人問德韶禪師：「一切山河大地從何而起？」

德韶禪師反問：「這個問題從何而來？」

【品曰】

禪只注重「現在」，故德韶只問眼下「此問」何來——既是反擊，亦是示機。

菩薩子吃飯——碧岩錄

金牛和尚在吃齋飯時，總是手提飯桶，在僧堂前手舞足蹈，呵呵大笑，一副慶豐收喜洋洋的樣子。

有一個學僧跟長慶和尚一起議論著金牛的故事。

僧問：「金牛和尚每逢吃飯，總是樂呵呵地招呼：『佛門弟子們哪，吃飯囉！』這種心情是什麼心情呢？」

長慶和尚回答：「就是這種心情，就像逢喜事時大聲念經以示慶祝一樣。」

莊松道人在哄孩子時，手腳倒立，逗孩子樂。

同仁見了就笑話他：「老頑童，老頑童，就只會雜耍。」

莊松反譏道：「我在模仿你們進地獄時的樣子。」

【品曰】
禪與道，禪境與達人的遊戲妙境，相通之處頗多。

提防毒蛇——碧岩錄

雪峰和尚有一次對眾弟子說：「南山有一條毒蛇，你們都得當心點。」高德長慶便說：「今天我在禪堂內，就被這條蛇咬了一口，丟了性命。」其意是我就是那條毒蛇。

在師兄長慶應對時，又一高德雲門把禪杖拋空投到雪峰眼前，口喊「可怕呀！」一副嚇破了膽的樣子。

後來玄沙和尚聽說此事，他的評語是：「什麼南山不南山，毒蛇何處沒有呢？」

【品曰】
名師出高徒，千徒有千姿。雪峰應欣慰至極！

丙丁童子來求火——碧岩錄

法眼禪師住持清涼寺時，院監是一位名叫玄則的男子。他根本一次也沒去禪室問過禪，令法眼十分奇怪。

於是法眼便問他：「院主，你怎麼不參禪呢？」

玄則說：「我已經在青峰老師的開示下悟了。」

「怎麼悟的，說來與我聽聽。」

「我問青峰老師『什麼是佛』，老師開示道『丙丁童子來求火』，我從中解悟了。」

法眼說：「悟雖精闢，可是你真的懂了其中的真義嗎？你再說說看！」

於是玄則就解釋說：「丙丁童子就是火神。火神即是火，卻向別人求火，就像我自己，本身是佛，卻還問佛。」

法眼道：「院尊，你現在還沒開悟哪！」

玄則聞言，十分氣憤，捨清涼寺而去。路途中思及——「老師是治下有五百餘眾的禪師，絕非等閒之輩，既然這樣說我，總是有點什麼因緣。」於是玄則又返回清涼寺，向法眼懺悔而致歉。

玄則恭恭敬敬地問法眼：「請問老師，什麼是佛？」

「火神來求火。」

原來機緣是這等驚人的東西！機緣到了，玄則即時豁然了悟。

【品曰】

佛即是心，心即是佛，禪的真諦須向自身求。

悟與不悟，似悟非悟，全在機緣，水到渠成。

檐頭水滴——五燈會元

有個和尚向葉縣歸省禪師請教禪師所說的「柏樹子」公案的意思。

葉縣歸省禪師說：「你聽到房檐滴水的聲音嗎？」

這個和尚猛然省悟了，失聲叫了出來。

葉縣歸省禪師又說：「你悟到了什麼道理，說出來聽聽。」

這個和尚於是作了一首偈頌：「檐頭水滴，分明歷歷；打破乾坤，當下心息。」

葉縣歸省禪師聽了，感到十分欣然。

【品曰】

以物悟理，歷來是禪宗的手法。佛門有云：「郁郁黃花，莫非般若；青青翠竹，盡是法身。」只要慧目開啓，滿眼是「大道」，更何況房檐水滴！

病在禪太多——宗門武庫

圓悟佛果克勤禪師在五祖法演禪師那裡參學時，法演禪師說：「你什麼都好，只是有些地方有病。」

克勤再三追問：「不知我到底有什麼病？」

法演禪師說：「你病就病在禪太多了。」

克勤很驚訝，說：「我們本來就是參禪的，師父為什麼嫌我說禪說多了呢？」

法演禪師說：「如果只像平常那樣說話，不好嗎？」

【品曰】

自己愈「擁有」的東西，愈不必（亦無須）「顯擺」出來——道理極簡單：「滿瓶子的水不響」，反之亦然。

教伊尋思去——五燈會元

有個和尚問長沙景岑禪師：「您的師父南泉和尚圓寂後到什麼地方去了？」

長沙禪師說：「石頭和尚作小沙彌的時候，曾經參見過六祖大師。」

這個和尚說：「我並沒有問您石頭和尚見六祖，我是問您南泉和尚圓寂後到底到什麼地方去了。」

長沙禪師說：「你去想吧！」

【品曰】

禪關注的是「現在」，至於人死後如何，是無須去管的。「你去想吧！」正是讓你體現此時此刻的「自己」。

如何是趙州——古尊宿語錄

有個和尚問趙州從諗：「趙州是什麼樣子？——您老和尚的本來面目是什麼？」

趙州禪師回答說：「不論你從趙州的東門、西門、南門、北門進來，都可以看到趙州城的景象。」

【品目】

這裡，趙州禪師將「自己（趙州禪師）」與「趙州城」合為一體來談論，意即：萬物與我為「一」，便是禪的完善境界。

無目之人——五燈會元

有個和尚問投子大同禪師：「一個沒有眼睛的人，他的腳應該如何前進？」

投子禪師說：「十方都有他的腳步。」

和尚又問：「沒有眼睛的人，他的腳步為什麼可以遍及十方？」

投子禪師說：「他還需要眼睛嗎？」

【品目】

沒有「眼睛」的人，將調動他的全部潛能來「感知」外界，如同渾身有「眼」——

這正如禪者不思不慮，反而洞察一切。「無為而無不為」的道理，正在於此。

錯——碧岩錄九十八

天平和尚行腳時，曾跟從西院和尚參禪。他自恃已經悟過，便對坐禪修行不以為然，非常鬆懈。

有一天，西院從遠處看到散散漫漫的天平，就喊道：「從漪！」

天平抬起頭來看。

西院對他說：「錯了！」

天平佯裝沒看見，走近了兩、三步。

西院又說：「錯了！」

天平走到西院面前。

西院問他：「剛才的錯是我的錯還是上座的錯？」

天平說：「是我天平從漪的錯。」

西院又說：「錯了！」

天平便不言語。西院便告訴他：「你在我這裡過夏安居吧！我想跟上座好好議論一下兩個錯到底錯在哪裡。」

然而天平卻很快離開了西院長老的寺院。

當天平任住持時，他對眾僧說：「當年我乘行腳遊學之風，到過西院長老的寺中。我沒有留下來，繼續行腳去了。我當時沒有說我錯了。我錯就錯在開始往南方行腳的時候，錯在到西院那裡去遊方。」

【品目】
西院之「錯」與天平之「錯」，境界有差異，顯示佛法有深淺。

百年暗室——五燈會元

有個和尚問清涼文益禪師：「百年黑暗的屋子，只要點了一盞明燈，這百年的黑暗就被光明所掃除了。但這盞燈是什麼呢？」

文益禪師說：「什麼百年不百年！」

和尚當即有悟。

【品曰】

在禪者眼中，無論百年還是剎那，並沒有什麼差別，時間對於光明已無意義。文益禪師之語，真如一燈破暗。

婆子燒庵——五燈會元

從前有個老婆婆資助一個在草庵修行的人達二十年，後來老婆婆常派一個十六、七歲的少女去為這個修行者送飯。

有一天，老婆婆讓那個少女把修行者抱在懷裡，並讓她問他：「我抱著你的時候，你心裡怎麼想？」

修行者說：「我如一棵早已枯死的樹，立在寸草不生的寒冷岩石上，並處於隆冬之中，絲毫體會不到溫暖的氣息與感覺。」

少女回去後，將行者的話告訴了老婆婆。老婆婆不滿地說：「我二十年來，卻供養了這麼一個俗氣的漢子——他這算什麼修行呢！」

於是就把這個修行者趕出草庵，並把草庵燒了。

【品日】

禪的境界並非滅絕「人欲」，把人「修煉」得如同「寒岩」上的「枯樹」，而是使「人欲」得到消化、美化、善化，上升到更高的層次。這位修行者的言行貌似「堅韌」、「超然」，實已「枯死」、「僵化」，亦與真正的禪境大相逆悖。

「婆子燒庵」，確有道理！

看箭——碧岩錄八十一

石鞏和尚本來是一位獵人，皈依佛門，精進修行成為一代大師之後，仍常挽弓帶箭。一次，一位名三平的雲水僧來參禪。

石鞏見他走近，忙拈弓搭箭，喊道：「看箭！」

三平見狀，袒露胸部，對石鞏道：「是殺人箭還是活人箭哪?!」

石鞏拈了三次弓弦。三平連忙作揖。

石鞏樂道：「三十年來，我憑一張弓，一、兩支箭，射殺英雄豪傑，今天才真正遇到半個對手。」說完就把弓箭折斷了。

【品日】

「釣破江波，金鱗始現。」釣出了鱗兒，金鉤就不再有意思，可以折箭收鉤了。

麥黃蠶斷——大慧宗杲禪師語錄

大慧宗杲禪師為寺廟裡去世的和尚火葬時，作了個偈子說——

山下麥黃蠶已斷，
一隊死人送活漢。
活人宛如鐵金剛，
打入洪爐再鍛鍊。

【品日】

大慧禪師視生命如同「來去」之旅，而且視生為「死」，視死為「新生」，並且需要不斷地「再鍛鍊」，真是氣度超然，目光非凡。

從頭劃卻——宗門武庫

大慧宗杲禪師說：「現在參禪的人啊，如同蒼蠅一樣，看到有些腥臭的氣味便挨了過去，結果是一身臭氣——臭禪氣、八股氣。所以必須從頭到尾給他洗乾淨，洗到沒有一點異味在他身上。然後再從頭讓他重視參禪。古來高明的禪宗大師能這樣做的只有睦州陳尊宿。他見你的思路中有不純的痕跡，馬上就會給你指出來，並幫你鏟除掉，而且是劈頭蓋腦地幫你鏟除掉！」

【品曰】

瓶子裝了污水，倒了仍有異味，不如連瓶一道丟了。以新瓶重裝新水，這才是最好的辦法。

廬山來客——古尊宿語錄

五祖法演禪師在白雲守端禪師的指導下曾有所省悟。

有一天，白雲禪師對他說：「有幾個禪客從廬山來，他們都是有悟境的人。要他們說，可以說得頭頭是道；我舉公案問他們，他們也都明白；我要他們下轉語，他們也下得恰如其分。但是，他們並沒有徹悟。」

法演心中感到疑惑，暗自想道：「既然說也能說，明也明白，為什麼老師卻說他們沒有徹悟呢？」

於是他就這個問題思考了許多日子，終於明白了其中的道理。從此把以前自己頭腦中當寶貝一樣珍惜的理論、公案、話頭、機鋒、轉語等一切佛教、禪宗裡的家當全都放下了，他也徹底自由了。

【品曰】

對於前人開闢的通道，既要「鑽得進」，更要「跳得出」，如此才能有大境界！

船子下揚州——古尊宿語錄

有個和尚問雪峰義存禪師：「在修行中努力使自己的心境達到極為安寧的狀態，這樣對嗎？」

雪峰禪師說：「這樣的境界仍然是一種病態哪！」

和尚又問：「如果把這個境界的心態轉過來，好不好呢？」

雪峰說：「應該這樣，如同你駕著輕舟，順著江水下揚州那樣輕鬆愉快，才可以品賞沿岸的風光啊！」

【品日】

「追求」安寧，並非真正的安寧；一切順其自然，無論動與靜，都是禪的境界——我們的「船」是否在時時「下揚州」呢？

第九部 十牛圖

詩亦禪，圖亦禪。
隨「十牛」的蹤跡，我們跋涉禪道，
蜿蜒地走過「困窘」、「追尋」與「昇華」的心路歷程。

十二世紀，中國的禪師廓庵和尚著了一本名為《十牛圖》的書，成為禪門中的至寶。他繪製了禪宗的十牛圖，並以詩偈和散文加以評唱，形象地展現了由修行以至頓悟的體悟過程。

一 尋牛——從來不失，何用追尋

尋牛，即尋求業已失散的心牛。所謂心牛，就是真實的自己，生命的本體，也就是臨濟和尚所講的無位真人。這一階段是立志求道的階段。不過，實際上心牛（無相的自己）從未失去。真人總是在我們的面門，在我們的眼、耳、鼻、舌、身、意中出入；僅僅由於缺乏正確的自覺，而與本來的自己疏遠了；根本沒有必要從外從他而求，只要照顧好自己腳下就行了。

《十牛圖》中第一節的原文是這樣的——

〈尋牛〉

茫茫撥草去追尋，水闊山遙路更深。
力盡神疲無處覓，但聞楓樹晚蟬吟！

著語：從來不失，何用追尋？由背覺以成疏，在向塵而遂失。家山漸遠，歧路俄差；得失熾然，是非蜂起！

詩的意思很明了，在此不再復述。暫且談一下著語大義。心牛從來就沒有失去，哪裡用得著追尋？由於缺乏自覺，以致與心牛疏遠，在塵世的迷亂中心牛逐漸被淹沒，離本來的自我愈來愈遠，前路參差嵯峨，於是得失之心愈盛，是非之爭更烈。

二 見跡——依經解義，閱教知蹤

《十牛圖》的第二圖為見跡，只是發現了心牛的足跡。這是一個閱讀經書禪典，諦聆師家教誨，理解佛教法理的階段。通過這一階段，從而知曉一切都是獨立存在的，而它們卻處於矛盾的統一之中；明白萬物的、客觀與自我的主觀是息息相關的存在；理解萬法都是一個心牛的千變萬化，即一切存在都是本來的自我的變體之禪的思想。不過，在這一階段還無法弄清牛是白還是黑，所以，仍處在禪門之外，只是見到了蹤跡而已。

原文如下——

〈見跡〉

水邊林下跡偏多，芳草離披見也麼？
縱是深山更深處，遼天鼻孔怎藏他？

著語：依經解義，閱教知蹤；明眾器為一金，體萬物為自己。正邪不辨，真偽奚分？未入斯門，權為見跡。

在水邊、林下、萋萋芳草中到處都有牛的足跡。那遼天的鼻孔，沖天的氣勢，縱是深山老林，也隱藏不住。

著語大意跟上述大同小異。所謂「眾器為一金，萬物為自己」的表意為：金鐲、金爐、金項鍊等器皿，林林總總，形態各異，都是金子製造的。所以宇宙間的萬物都出於一體，都與自己合而為一。

三 見牛——從聲得入，見處逢源

《十牛圖》的第三張圖為見牛，即終於看到了真正的牛。

聞物之音聲、見物之形色，這一直接的感覺，引觸了大死一番後的禪定境界，即身心安然統一的三昧之境，從而得以使大活現成之後的個體、有限、差別世界與整體、無限、平等的本源相遇。開眼一看，萬物全非他物，在眼前，只見一頭心牛。這時，才確切體認「自他不二，物我合一」的至理。由此亦可清楚地看到知與悟的巨大差別。

有一位和尚在劈柴木時，聽到一塊乾柴落地時發出的聲音，頓時醒悟了。他作了一首禪偈：「撲落非他物，縱橫不是塵。山河並大地，全露法王身。」意即掉落在地上的不是其他的什麼東西，而是自他不二的無相的自己。縱橫有別的萬物並不是擋住本心之鏡的明亮的灰塵，而是真如之相。山川河流以及宇宙天地，都是真理的表現。

原詩是這樣的——

黃鶯枝上一聲聲，日暖風和岸柳青。
只此更無迴避處，森森頭角畫難成！

〈見牛〉

著語：從聲入得，見處逢源；六根門著著無差，動用中頭頭顯露。水中鹽味，色裡膠青；眨上眉毛，非是他物。

風和日麗，楊柳青青，河岸邊的柳枝上，黃鶯在千呼萬喚，啼囀不停，真是一派賞心悅目的風光啊！只見那岸邊，有一頭高大的牛，牛角高聳，那種活潑之態，就是丹青妙手也難以畫出。

但見她處處顯露，一樣不差。從眼、耳、鼻、舌、身、意，到她的動作。彷彿水中的鹽味，色裡的膠青。表面一看不識真底，而實際上它的作用十分明顯。你眨眨眉毛，睜眼看看，她並非他物，正是心牛。

四　得牛──久埋郊外，今日逢渠

《十牛圖》之四為得牛。光是看到了牛，還不能使牛成為自己的東西，所以必須用手緊緊攙住她。這頭長期在妄想的原野放逐的心牛，雖然現在終於找到了，但是牛的野性猶存。她還十分留戀那美麗的煩惱的草原，環境的影響仍然很大，稍有疏漏，她又會跑走。所以有必要緊緊把住韁繩，牽著她的鼻子。

古人說過：「見惑如破石可頓斷，思惑如藕絲宜漸斷。」也就是說，知性的困惑可以立刻割斷，而情意的迷惑只有十分忍耐，慢慢地才能斷除。因為見性悟道有深有淺，所以悟道後的修行是必不可缺少的。

〈得牛〉

竭盡精神獲得渠，心強力壯卒難除。
有時才到高原上，又入煙雲深處居。

著語：久埋郊外，今日逢渠；由境勝以難追，戀芳叢而不已。頑心尚勇，野性猶存；欲得純和，必加鞭撻。

好不容易竭盡心智找到了牛，可她心強力壯，習性難改；有時才到清淨的高原上，又忽地逃進煙雲深處。勝境牽引著她，她奔馳得那麼快，難以追上；青青芳草地令她留戀不已，不思回返。要蕩其頑心，淨其野性，求得純和之境，必須多加鞭撻，牢牢抓住她，馴化她的習性。

五　牧牛——前思才起，後念相隨

《十牛圖》之五為牧牛，即小心放牧好這頭手中牽著的牛。在悟道之後的修行中，要保持正念，不起邪念，既需要得牛的修行，又需要牧牛的修行，即通過得牛，使牛與我合一，通過牧牛，使我與境合一。在日常千差萬別的環境中，我們往往才起一念，即生二念。看到美麗的花，就想把她摘下來，養到花瓶裡。雖然這種見到美物即起美化她的念頭並非壞事，然而這隨之而生的第二念往往會引發迷惑之心。為此，當一念已起時，能如「紅泥爐上一點雪」那樣，隨即返回正念、抱持正念即可。這樣的話，就會如古人說的「後念即生，前念自滅。」始終保持一個正念。

〈牧牛〉

鞭索時時不離身，恐伊縱步入埃塵。
相將牧得純和也，羈鎖無拘自逐人。

著語：前思才起，後念相隨；由覺故以成真，在迷故而為妄。不由境有，惟自心生；鼻索牢牽，不容擬議。

牧牛時當特別仔細小心，要把好鞭索，時時加以管束，以防此牛縱步走入塵世紛迷之中，以便把她馴教得純和而不頑野，即使不用鞭索，她也會自動跟隨著她的主人。這頭牛本來已覺悟成真，由於迷惑，她常生妄想。這迷惑不是來自外境，而是發自己心；所以要嚴加束教，耐心垂訓，永遠保持正念。

六　騎牛歸家——干戈已罷，得失還無

《十牛圖》之六為騎牛回家。牛（真實的自己）與人（現實的自己）之間的干戈已

息，到了無所謂得牛失牛的階段。從發奮求道（尋牛），諳習法理（見跡），實踐修行而見性入理（見牛），徹底悟入以至見性悟道（得牛），到努力在動中保持正念（牧牛），已經費了一番苦辛，現在進入干戈已罷、人牛一體的境界了，現在不再需要繩鞭了。騎在牛背上，悠然吹起短笛，奏一支山歌俚曲，何等逍遙，自有牛兒載著你回家。這是一種隨心所欲而不逾矩的自然安詳境地。見性已不再是難事，然而要把所見所悟變成己身之物卻並非易事。比起徹悟，悟後的修行就難得多了。

〈騎牛歸家〉

騎牛迤邐欲還家，羌笛聲聲送晚霞。
一拍一歌無限意，知音何必鼓唇牙！

著語：干戈已罷，得失還無。唱樵子之村歌，吹兒童之野曲。橫身牛上，目視雲霄；呼喚不回，牢籠不住。

大意如上。

七　忘牛存人──法無二法，牛且為宗

《十牛圖》之七是忘牛存人。牛（真實的自己）與人（現實的自己）並不是自我存在的兩面，而是一體，牛只是作為一種理念的象徵物而已。苦苦地求尋，到得頭來，原來追尋到的目標竟是剛剛仍在尋求的自身。這是一個回到本來的家，連牛都給忘掉的階段。捕兔時套兔繩是有用的；抓魚時魚筌同樣不可缺少。一旦捕捉到手了，工具就不再有用了。西方哲人說過：「真正的神在把神忘卻的地方。」旨趣是相同的。「忘牛存人」圖中，也只見一位唯我獨尊的人，在家中高枕無憂，牛的蹤跡再也尋不見了。

〈忘牛存人〉

騎牛已得到家山，牛也空空人也閑。
紅日三竿猶作夢，鞭繩空頓草堂間。

著語：法無二法，牛且為宗；喻蹄兔之異名，顯筌魚之差別。如金出礦，似月離雲；一道寒光，威音劫外。

騎牛回家後，牛已不現；主人高枕而臥，室外日已三竿。如金子出礦，月離雲層，盡現本來面目。它的萬丈光芒，延伸到無窮盡的時間長河裡，永遠高照一切。

八 人牛俱忘——凡情脫落，聖意皆空

《十牛圖》第八圖為人牛俱忘。迷妄之心已經脫落，了悟之心亦無蹤跡，這才是真正的空境。從尋牛到忘牛存人，雖然完成了參透生死的修行，在這之上更進一層，即不以悟為聖，才是禪的真正特色。這就是我們常說的「佛之上」的境界。牛頭和尚（五九四～六五七）未晤四祖道信之前，修行之妙令百鳥銜花獻奉；見到四祖，識得祖師禪後，百鳥卻不銜花讚歎了。開始他心懷聖意，對百鳥之意感激不盡，在四祖啟示之後，他識得一切皆空，就不再把百鳥之意掛在心上了。趙州和尚有一句妙語道：「有佛處不用住，無佛處急走過。」

〈人牛俱忘〉

鞭索人牛盡屬空，碧天遼闊信難通。
紅爐焰上爭容雪？到此方能合祖宗。

著語：凡情脫落，聖意皆空。有佛處不用遨遊，無佛處急須走過。兩頭不著，千眼難窺；百鳥銜花，一場懡㦬！

鞭、索、人、牛，一切都不掛在心上；碧空遼闊，信息不通，而一切皆通；紅爐焰上怎能容許雪花停留？達到這般爐火純青的境界，才是真境界，才能不執著於美醜、善惡、是非、生死。這種境界縱使你生千隻眼，亦難以窺透。這種境界使你為以前的沾沾自喜而感到慚愧。你就是那無邊無際的宇宙，萬物都與你一起，你獲得的是大自由！

九 返本還源——水綠山青，坐觀成敗

《十牛圖》之九為返本還源，即「真空無相」的境地。這樣詮釋，人們容易把禪誤

解為一種不求實際的虛無主義。事實並非如此，任何事物都有它的另一面。正如柳自然綠、花自然紅，「真空無相」本來就是「真空妙有」，它有無窮的功用。澤庵和尚認為：「佛法高妙的人，看起來跟不知佛、不懂法的凡人一樣。」即「悟了同未悟」。因為本體就是本來清淨，不染一塵的。通禪之人在本質上仍然不同於混璞未分的凡人。水綠山青，都是本來清淨的真實存在，沒有任何造作；身居世間萬物的榮枯流轉之中，而能超然物外，冷眼觀之，便不會流於世俗，居無為中而有為，做真正的主人翁！

〈**返本還源**〉

返本還源已費功，爭如直下如盲聾？
庵中不見庵前物，水自茫茫花自紅！

著語：本來清淨，不受一塵；觀有相之榮枯，處無為之凝寂。不同幻化，豈假修治？水綠山青，坐觀成敗。

大意為：要說返本還源，還不如當下直現；如盲似聾，視而不見，聽而不聞，反而花費許多功夫。這樣在凝寂的無為之中，冷眼觀察水綠山青的本來面目，便可以有異於變幻敗壞之物，一切都依照自然的本色去視聽觀察，便能與自然融為一體，獲得永恆的生命，實現真正的價值！

十 入廛垂手——酒肆魚行，化令成佛

《十牛圖》的最後一圖為入廛垂手。即進入市街上的酒屋魚肆中，謙遜地為眾生說法，使他們趨向於善，成就佛道。這才是真正的作為，即「真空妙有」。禪的絕對意義就在於此，它的宗教意義也完全體現在這裡。整體上看，《十牛圖》的八、九、十體現了真正的人的事體、實相和作用。本性即空，實相即一切真實，作用即不僅利己，而且要利人。利人是禪者孜孜以求的最高目標。一切學問、修行都要為人，主要是為他人著想，為整個人類謀求更自由、更純善、更有創造力的生活。這就是禪生生不息的源泉

所在。

〈入廛垂手〉

露胸跣足入廛來，抹土塗灰笑滿腮。
不用神仙真祕訣，直教枯木放花開！

著語：柴門獨掩，千聖不知；埋自己之風光，負前賢之途轍。提瓢入市，策杖還家；酒肆魚行，化令成佛！

大意為禪者在柴門裡修行千日，以致衣冠不整，面帶灰色，是為了繼承先祖大業。修行圓滿後，就步入廣大的塵世中，到一切眾生集聚的地方，去講經論道，把生命的真理告訴眾人，把禪的自由、創造、求善播撒到廣大的世界中去，讓枯木開花，整個世界充滿歡樂和笑聲！

【附錄一】禪宗常見成語典故選釋

■一手指天，一手指地

相傳釋迦牟尼誕生時，一手指天，一手指地，說：「天上天下，唯我獨尊。」禪師語錄裡使用此語，含有重視自我，人人是佛的意義。

■一字禪

雲門文偃禪師接引學人，常用一個字，驀地截斷言語糾纏，使問者斷絕轉機，無可用心，從而省悟萬物皆空。當時稱為雲門一字禪，也稱一字關。

■一花開五葉

相傳此語出自禪宗初祖菩提達摩向二祖付衣法時的偈語：「吾本來茲土，傳法救迷情。一花開五葉，結果自然成。」對此語有多種解釋，一般認為「一花」指達摩所傳禪法，「五葉」指溈仰、臨濟、曹洞、雲門、法眼五大宗派。

■一放一收

指禪師啟發接引學人的施設手法，忽而放開，忽而收緊，擒縱與奪，運用自如。

■ **一箭過西天**

比喻禪機疾如飛箭，早已遠逝。

■ **一箭兩垜**

與一箭雙鵰有同工之妙，謂射一箭而打中兩物。常常比喻一句機語同時勘明兩人或具雙重禪機。

■ **七縱八橫**

領會透徹，通暢無礙。

■ **入海算沙**

到大海裡計算沙的數量。喻指徒勞無益的行為。

■ **三千大千世界**

佛教認為以須彌山為中心，以鐵圍山為外界，是一小世界。一千個小世界合為小千世界，一千個小千世界合為中千世界，一千個中千世界合為大千世界。總稱為三千大千世界。

■ **三家村裡漢**

孤陋寡聞、無知的人。禪師常用作斥責語。

■**萬里望鄉關**

萬里之外，遙望家鄉。比喻離開禪旨極遠。

■**萬法一如**

佛家認為世上萬事萬物本非真實存在，並無差別和對立，稱為萬法一如。

■**口似紡車**

喻指說話太多，連續不斷（含有貶義）。

■**凡聖情盡**

除盡區別凡人、聖人的世俗之情。指禪悟者不用區分、對立的眼光看待事物，即所謂「萬法一如」。

■**開眼瞌睡**

明明張開眼睛，卻如同瞌睡一般。喻指糊塗、癡迷。

■**天華亂墜**

傳說梁武帝時，雲光法師講經感動上天，香花從空中紛紛落下。形容說法動聽。華即花。

■**無孔鐵錘**

指人混沌、不開竅，無從啟發，難以接引。

無心道人

指沒有妄念的得道者。

無位真人

指不在諸佛之位的真佛，即人所具有的佛性。

無縫塔

喻指機語縝密，無懈可擊。

五味禪

指具有等級深淺的五種禪法：外道禪、凡夫禪、小乘禪、大乘禪、最上乘禪。

不二法門

不用語言、文字傳示，直接以心印授的法門，在禪語裡多指禪法。「不二」含有一切事理平等為一，沒有差異對立的意思。

不立文字

指禪宗旨義不用文字言句表述，而是以心傳心。

不著凡聖

不執著於聖人、凡人分別對立的見解，是佛教「萬法一如」思想的反映。

牛上騎牛

比喻累贅多餘，荒唐可笑的行為。

從門入者，不是家珍

從門外取來的東西，不是自家的珍寶。禪家常用此語比喻自心是佛，不須向外尋求；若向外尋求，並不能使自己成佛。

六道四生

六道：又稱六趣，指眾生生死輪迴的六種去處（地獄、餓鬼、畜生、阿修羅、人、天）。

四生：六道眾生的四種生成方式（卵生、胎生、濕生、化生）。

六道四生泛指生死輪迴的世界。

方木逗圓孔

用方木頭去嵌圓孔。比喻方法錯誤，無法達到目的。

認葉止啼

小孩誤認楊樹黃葉為銅錢，因而停止啼哭。比喻認偽作真，簡單愚鈍。

認影迷頭

據《楞嚴經》卷四所載，寶羅城有個愚癡的人叫演若達多，一天早晨照鏡子，看到鏡子中自己的頭面眉眼的映影，感到高興，但離開鏡子卻怎麼也看不到自己的頭面眉眼，又十分怨恨。比喻世間愚癡之人看不到自己的真性，卻認妄相為真。

心空及第歸

意謂領悟萬法皆空之理，就中選成佛了。這是用科學考試作比喻的說法。及第：科舉考試中選。

正法眼藏

係禪家所稱的教外別傳心印，即禪宗玄旨。

本來面目

指人本有的心性。

世尊拈花

指釋迦牟尼在靈山法會上拈花示眾，眾皆默然，唯有迦葉微笑領悟的故事。後常用此表示禪宗獨特的示機、傳授方式（世尊即釋迦牟尼佛）。

打成一片

以同等眼光看待千差萬別的事物，不生計量、比較之心。是禪家省悟之後的境界。

石上栽花

喻指禪義微妙，無法用語言表達，也無法通過語言悟人；也指禪機綿密，無懈可擊。

東壁打西壁

意謂室內空無一物。隱寓萬物皆空之義。

以心傳心

禪宗的傳授不用語言文字，而是直指人心，心心相印，稱為以心傳心。

白拈賊

徒手盜取他人物品，又不留痕跡者，謂之白拈賊。喻指禪師接引啟發學人，手法奇特，不落痕跡；是一種詼諧的說法。

立地成佛

意謂人人皆有佛性，棄惡從善，就可立即成佛。

立雪求法

禪宗二祖慧可的故事。意指求法的誠意和決心。

面對千里

雖然近在面前，卻如遠隔千里。比喻禪義在每人身邊，人們卻很難認識它。

捫空追響

企圖捫摸空虛，追逐聲響。比喻虛妄徒勞的行為。

■壓良為賤

本義為掠買平民女子作奴婢，在禪語中多指不了解自心本來是佛，卻用繁瑣的手法追求成佛。

■獅子吼

佛家把釋迦牟尼的說法比作獅子吼；後泛指禪師傑出、奇特的警語。

■塵塵剎剎

意為一切土地、無數國土。剎：梵語，意為土地、國土。

■回心達本

回歸自性，達到本源。佛家認為心是產生萬物的本源。

■迴光返照

本指夕陽反射之光，禪宗著作中使用此語，則多含有收回向外尋求的眼光，觀照自身自心（禪宗認為自心是佛）的意思。

■行棒行喝

指禪師啟示禪機，接引學人的種種奇特行為（棒打和吆喝乃是禪師常用的兩種示機方式）。

閉眼作夜

閉上眼睛，自以為是夜晚。比喻愚蠢的行為。

體露真常

物體全然顯露出真實、不變的性相，即佛家所謂「真如」。是禪悟者看到的境界。

作客不如歸家

比喻向外尋求，不如向自己的身心尋求；禪家認為自心是佛。

即心是佛

意謂此心就是佛（心指人的本心），係禪家習語。

拈槌豎佛

禪師常用來表示禪機的動作。槌是魚鼓敲棒，拂是拂塵之物，都是寺院中常見的用具。

抱橋柱洗澡

抱著橋柱洗澡，放不開手。喻指守著教條，並不領悟。

撥火覓浮漚

撥開火炭，尋找水泡。比喻顛倒荒唐的行為。

■ **呵佛罵祖**

禪宗重視自我，強調自心是佛，蔑視佛陀、祖師，常有呵斥、責罵佛祖的言行。

■ **水不洗水，金不博金**

意謂不必作無謂、徒勞的事。

■ **使佛覓佛**

讓佛去尋找佛，是癡迷不悟的行為。禪宗認為自心是佛，迷者不知，卻一味地向外尋求作佛之法，這就是「使佛覓佛」。

■ **依草附木**

古人認為鬼怪能依附在草木等物上顯靈作怪，謂之依草附木。禪宗使用此語，多喻指不能領悟禪義，只是一味地模仿他人語句，作為自己的見解。

■ **金屑雖貴，眼裡著不得**

金屑粒雖然貴重，但不能放在眼睛裡。多以此語比喻佛法說教對於禪語是多餘累贅、無益有礙的。

■ **貧子衣珠**

貧窮者身上也有珠寶。喻指眾生本身具有的佛性。

臨濟喝，德山棒

臨濟義玄禪師常用吆喝示機，德山宣鑒禪師常用棒擊示機，聞名於禪界，稱為「臨濟喝，德山棒」。

美食不中飽人吃

意謂對已飽之人，精美的食品也是多餘的，不想吃的。比喻本性具足，自心是佛，不必再向外尋求什麼。

祖師西來意

禪宗初祖菩提達摩從西方（印度）來東土（中國）傳授道法的旨意，也就是禪宗旨意。

教外別傳

指禪宗教法不設文字語句，而通過獨特的心心相印方式傳授。相傳此語為釋迦牟尼佛在靈山大會上所說。

捏目生花

擠捏眼睛而產生幻視，似乎有花出現。比喻製造幻象，自欺欺人。

蚊子上鐵牛

蚊子停在鐵牛身上，無處可以下嘴。比喻：禪旨無法用語言表述，無法通過語言去領會。

眼橫鼻直

眼睛是橫著的，鼻子是豎著的。喻指事物本來、自然、極為平常的狀態。禪宗認為其中寓有禪義。

啐啄同時

母雞孵蛋時，小雞將破殼而出的聲音叫啐；母雞啄殼，使之速破叫啄。比喻禪機往來，契合相應。

第一義

佛經中的「第一義」指佛教的最高真理，禪語中「第一義」指至極玄妙的禪義。

遊戲三昧

意謂諸佛菩薩及得道高僧專心於救渡眾生，並且自在而愉快。三昧：梵語，又譯為「定」，指心專注一境而不散亂。

騎牛覓牛

牛就在身下，卻去尋找牛。喻指自心是佛，卻向外尋求作佛的癡迷行為。

渴鹿趁陽焰

《楞伽經》卷二說，一群渴極的鹿，看到陽光中浮動的塵埃，以為是水波翻滾，就奔馳追逐，企圖飲水解渴。比喻把偽象當成事實，徒勞妄為，無法達到目的。

■ **觸鼻羊**

傳說羊目不能辨物，凡是用鼻子觸到的東西都吃進嘴裡。喻指不能辨識事理。

■ **截斷眾流**

雲門文偃禪師接引學人，常用一個字或一句話，驀地截斷言語糾纏，使問者斷絕種種轉機，無可用心，從而省悟萬物皆空。這種方法稱為「截斷眾流」。

■ **敲空作響，擊木無聲**

敲擊虛空發出響聲，擊打木板卻沒有聲音。這是禪師的奇特說法。在禪悟者眼裡，有聲與無聲並不對立，有聲亦即無聲，無聲亦即有聲。

■ **鷂子過新羅**

意謂禪機之易逝，轉瞬之間已飛過新羅（古朝鮮）。禪家常用於機語應對之時，指出對方已錯失禪機。

■ **寰中天子，塞外將軍**

寰中天子即皇帝，具有至高無上的權利；塞外將軍面臨軍機敵情，有臨時處理一切事務的權利。禪師常用此語啟發學人領悟自心是佛，以我為主。

■ 壁觀婆羅門

禪宗初祖菩提達摩於北魏孝昌三年（五二七）到達洛陽，住嵩山少林寺，面壁而坐，終日默然，當時人稱之為「壁觀婆羅門」。

■ 避溺投火

避開水溺，卻投進火裡。比喻形式雖有變化，可是實質都是一樣，並未擺脫所要擺脫的。

■ 鰲山成道

鰲山在今湖南常德北部，唐代雪峰義存禪師在此山受師兄岩頭禪師啟發而徹底領悟禪旨成道，後遂成為典故。

■ 露地白牛

置於露天的大白牛所駕之車《法華經》中用以比喻大乘佛教，禮宗著作中則多以之比喻禪法。

■ 露裸裸，赤灑灑

坦然裸露，潔淨無污，沒有具體形狀。這是禪師對於禪悟境界的感受。

【附錄二】禪宗重要典籍簡介

本附錄簡要介紹如下十種（組）禪宗典籍——

一、壇經

二、禪師各別語錄集

三、祖堂集

四、景德傳燈錄

五、五燈會元

六、續傳燈錄

七、宗鏡錄

八、碧岩錄（即碧巖錄）

九、禪宗無門關

十、禪林僧寶傳，補禪林僧寶傳，南宋元明禪林僧寶傳

一、壇經

《壇經》是中國禪宗的開山著作，稱之為「經」，反映了佛教界對它的重視和推崇。禪宗六祖慧能從五祖弘忍那兒獲得衣法之後，住廣困曹溪寶林寺。當時的韶州刺史韋璩請他到城內大梵寺講演摩訶般若波羅蜜法。慧能的講演由其門人法海集記，就是《壇經》。此書經過後人多次增訂，出現了各種不同的版本。目前保留下來較早的是敦煌寫本，全名為《南宗頓教最上大乘摩訶般若波羅蜜經六祖大師於韶州大梵寺施法壇經》，一卷，分作五十七節，約一萬二千餘字。但流傳最廣的是元代至元年間僧人宗寶的改編本，名為《六祖大師法寶壇經》，文字增飾較多，篇幅比敦煌本大。此外，還有其他種版本。

早在北宋初期，道原編撰的《景德傳錄》一書中，就記載了禪僧對《壇經》的增刪修改。該書卷二十，八南陽慧忠國師條中，慧忠曾說：「吾比遊方，多見此色，近成盛矣。聚卻三五百眾，目視雲漢，云是南方宗旨。把他《壇經》改換，添糅鄙譚，削除聖意，惑亂後徒，豈成言教！苦哉！吾宗喪矣！」

按慧忠係慧能弟子，在慧忠時代，對《壇經》就有所添削改易，這應該說是一個比較複雜的問題。因為慧能在韶州大梵寺講演時的聽眾（包括慧能眾弟子）許多還在世，他們對這次講演紀錄都有發言表態的資格，也就有可能按自己的回憶和理解來修訂紀錄

（即《壇經》），也有可能把平時聽到的慧能的其他言教編入《壇經》；當場記錄者法海本人也可能對《壇經》再作修訂。今傳較早的敦煌本《壇經》（寫本時代最遲不晚於北宋初年）中就有明顯是由慧能法嗣在慧能逝世後添寫的文字。總之，今存各本《壇經》都不是慧能講演的原始忠實紀錄，而摻雜入較長一段時期內若干修訂者對慧能生平的記載以及對禪宗的理解。

敦煌本《壇經》的主要內容，大抵可分為三個部分。第一部分敘說五祖弘忍向慧能傳付衣法的經過。第二部分是慧能講述道法以及與諸弟子和其他問法者的應對之語。第三部分記載慧能逝世前對眾弟子的囑咐。

總的看來，能慧之後的禪宗發展，許多思想特點（如自性具足、見性成佛、自心頓悟、直指人心等）在《壇經》中都有所反映。因此，《壇經》是中國禪宗的重要著作。

二、禪師各別語錄集

禪師的各別語錄，一般是在禪師身後，由他人（多半是禪師法嗣）編集的。唐末僧人慧然編集他的老師義玄的語錄《鎮州臨濟慧照禪師語錄》（一卷）是較早的一種。而後各朝代均有各別語錄的編集，種類很多，在禪宗文獻中占有重要地位。

各別語錄的編輯，常見的有三種體例。第一種是按語錄形式分類編排。如《雲門匡真禪師廣錄》（唐・文偃）三卷——

卷上，對機三百二十則；

卷中，室中語要一旦八十五則，垂示代語二百九十則；

卷下，勘辨一百六十五則，遊方語錄三十一則，遺表，遺誡，附錄。

又如《汾陽無德禪師語錄》（宋・善昭）三卷，也標明「語錄卷上」、「頌古代別卷中」、「歌頌卷下」。

第二種是以禪師主持寺院的改換為次序編排，多按時間先後編排。如《金陵清涼院文益禪師語錄》（五代・文益）一卷，即按禪師先後主持的三處寺院——崇壽院，報恩院，清涼院——來編排語錄。

第三種編排方式是上兩種方式的合用。如《黃龍慧南禪師語錄》（宋・慧南）一卷，先按禪師先後住處編排，分別標出「初住同安崇勝禪院」，「遷往歸宗語錄」，「黃龍山語錄」，而把禪師的「頌偈」（禪詩）集中放在卷末。

卷帙較多的語錄多數採用這種方式，如《大慧普覺禪師語錄》（宋・宗杲）三十卷，卷目標明如下——

住徑山能仁禪院語錄卷第一——第四；

住育王廣利禪寺語錄卷第五；

再住徑山能仁禪院語錄卷第六；
住江西雲門庵語錄卷第七；
住福州洋嶼庵語錄卷第八；
雲居首座寮秉拂語錄卷第九（卷末附「室中機緣」）；
語錄卷第十（頌古）；
偈頌卷第十一；
贊佛祖卷第十二；
普說卷第十三——第十八；
法語卷第十九——第二十四；
書卷第二十五——第三十。
禪師語錄常見的有如下幾種形式——
上堂：寺院主持僧上法堂升座說法。
升堂：新任主持僧初次上堂說法。
普說：上法堂升座說法，儀式比上堂簡單。
示眾：禪師對僧眾的訓誡。
秉拂說法：首座僧代替主持僧上堂升座，執拂說法。

對機：禪師接引學人，答學人之問。

拈古：舉出以前的禪林公案，加以闡釋評說。

頌古：舉出以前的禪林公案，用詩句韻語加以闡釋評說。

勘辨：禪僧互相探試，考測對方禪悟的深淺或宗門的正邪。

代語：有兩種。一種為代面前僧眾下語；禪師提問，僧眾不能應對，禪師自己代擬答語，稱為垂示代語。另一種為代古人或代其他禪寺的僧人下語，舉出公案；其中無應對語，禪師代擬對語。代語和別語（見下）合稱「代別」。

別語：舉出公案，其中已有應對之語，禪師另外再擬對語。

偈：梵語「偈陀」的簡稱，也譯為「頌」。是一種佛家詩歌，每句字數規定：四字、五字、六字或七字等，每首詩四句。禪僧也經常使用此種詩體。

禪師各別語錄集，多稱「語錄」和「廣錄」。稱為廣錄者，除記錄禪師種種口頭法語外，還收有禪師書信、札記等書面作品（有些稱語錄的也收錄書信、札記等）。

縱觀各朝代所編的禪語錄，隨著時間的推移，不僅種數愈來愈多，而且每一種的篇幅也愈來愈大。唐、五代和北宋初年的幾位禪界宗匠，如五宗二派的開山祖師為山靈祐、仰山慧寂、臨濟義玄、洞山良价、曹山本寂、雲門文偃、法眼文益、楊岐方會和黃龍慧南等的語錄大多僅一卷，有的是二卷或三卷（據日本大正《大藏經》）。而以後的禪師則不然，如《虛堂和尚語錄》（宋・智愚）十卷，《圓悟佛果禪師語錄》（宋・克勤）二十卷，《大慧普覺禪師語錄》（宋・宗杲）三十卷（據同上），《天目中峰和尚廣錄》（元・明本，據姑蘇刻經處本）三十卷，《無異元來禪師廣錄》（明・元來，據日本《續藏經》）三十五卷，等等。

這種現象反映了禪宗風氣的改變，由不立文字變成了大立文字。宋代以下禪師語錄雖多，但其中因陳守舊或者調和折中的話也多，禪宗初期和盛期的那種大膽探索開拓、勇於創新立異的精神已經很微弱了。

三、祖堂集

《祖堂集》為福建泉州招慶寺靜、筠二禪僧編撰。書前有該寺禪師文僜寫於五代南唐中主保大十年（九五二）的序，序曰：「今則招慶有靜、筠二禪德袖出近編，古今諸方法要，集為一卷，目之《祖堂集》。」可見該書的編撰時間約在作序時間稍前。這是現存最早的禪家燈錄（即禪宗史）。原書本為一卷，後人分為二十卷。（祖堂：禪寺中安放初祖菩提達摩像的殿堂）

《祖堂集》首敘七佛，次敘西天二十八祖，再次敘寫東土六祖，然後按法嗣傳承世系，敘寫中國禪師，共錄二百五十三人。對諸位佛祖和禪師的記述，主要包括生平行狀和應對語錄兩個部分（以語錄部分為詳）。這種編撰體制雖非《祖堂集》所獨創，但對後代燈錄的寫作影響很大，《景德傳燈錄》、《五燈會元》、《續傳燈錄》等書的編撰基本上都沿用這種體制。

《祖堂集》在宋代即傳入高麗（今朝鮮）；而在國內卻逐漸失傳，這大概是因為該書的內容被後出的燈錄包含了的緣故。現存《祖堂集》係高麗高宗三十二年（一二四五）刻板，後傳入日本，京都中文出九版社一九七二年出版影印本。隨著中日文化學術交流，近年來才逐漸傳至中國大陸，彌補了大陸學者研究材料上的一項重要空缺。

四、景德傳燈錄

《景德傳燈錄》三十卷，北宋禪僧道原編撰。六祖慧能《壇經》中有「一燈能除千年暗，一智慧能滅萬年愚」之句。以燈比喻智慧禪旨，係禪家習語，因此，「傳燈」也就含有道法相承之意。又因該書寫成於北宋景德年間（一〇〇四～一〇〇七），故稱《景德傳燈錄》。

道原生平未詳。據《天聖廣燈錄》卷二十七和《傳法正宗記》卷八所載，知其為法眼宗開創者文益禪師的再傳弟子，係青原系禪僧。所以《景德傳燈錄》記敘青原系禪師較南岳系為詳，而寫法眼宗最為詳細。這一方面固然由於本系禪師材料易於獲取，另一方面也因為五代和北宋初年，南岳系的溈仰宗已趨衰滅，而南岳系的臨濟宗也正處於中衰時期。

本書內容大抵可分為三部分。

第一部分（第第一卷至第五卷）主要記敘七佛、西天二十八祖、東土六祖及慧能的弟子。

第二部分（從第六卷至第二十六卷）主要記述南岳系和青原系禪僧，其中卷六至卷十三為南岳系（止於南岳下九世），卷十四至卷二十六為青原系（止於青原下十一世）。

第三部分（從第二十七卷至第三十卷）帶有附錄性質，內容較複雜。卷二十七記述非正統的禪門賢達以及各地的禪林機緣語句。卷二十八為「諸方廣語」，記述著名禪師十二人的法語。卷二十九「贊頌偈詩」和卷三十「銘記箴歌」，係禪師寫作表現禪理、禪趣的韻文。本書是禪家燈錄中成書較早，材料收集較為完備，影響也較大的一種。

五、五燈會元

《五燈會元》二十卷，南宋僧人普濟編撰。所謂「五燈」，是指以下五種燈錄——

一、《景德傳燈錄》，北宋．道原編撰。

二、《天聖廣燈錄》，北宋．李遵勖編撰。

三、《建中靖國續燈錄》，北京・惟白編撰。

（以上為北宋三燈）

四、《聯燈會要》，南宋・悟明編撰。

五、《嘉泰普燈錄》，南宋・正受編撰。

（以上為南宋二燈）

以上五種燈史各三十卷，篇幅繁冗，互相多重複之處，普濟刪繁就簡，合五燈為一，故稱《五燈會元》。原五燈共一百五十卷，《五燈會元》僅二十卷（每卷的容量有所增加），卷帙大大縮小，但實際內容僅減去約二分之一。原來五燈多在六祖慧能之下，以南岳、青原二系分敘，次之不再分出五宗二派。世次增多之後，便覺眉目不清。《五燈會元》在刪繁就簡的同時，還整理頭緒，系下分宗，宗下分派，相寺堡中，以序排列，條理井然，極便於閱讀。故元、明以來，士大夫喜愛禪學者，無不家有其書。《五燈會元》問世以後，宋代五燈除《景德傳燈錄》外，其他四種遂少流通。

《五燈會元》內容如下——

卷一，七佛，西天二十八祖，東土六祖。

卷二，四、五、六祖法嗣及應化聖賢。

卷三、四，南岳懷讓至五世。

卷五、六，青原行思至七世，未詳法嗣。
卷七、八，青原下二世至九世。
卷九，南岳下二世至八世為仰宗。
卷十，青原下八世至十二世法眼宗。
卷十一、十二，南岳下四世至十五世臨濟宗。
卷十三、十四，青原下四世至十五世曹洞宗。
卷十五、十六，青原下六世至十六世雲門宗。
卷十七、十八，南岳下十一世至十七世臨濟宗黃龍派。
卷十九、二十，南岳下十一世至十七世臨濟宗楊岐派。

《五燈會元》內容的時間跨度，包含了中國禪宗發展的初期和鼎盛期，對禪宗漸趨衰微也有所反映。又燈錄向以記述禪師法語為主，所以中國禪語精華，半數以上載於《五燈會元》。

《五燈會元》編撰者普濟（一一七九～一二五三），俗姓張，字大川，浙江奉化人，十九歲出家，得法於育王如琰禪師，是楊岐派第八世傳人，曾出主杭州淨慈、靈隱等多處寺院。《五燈會元》是他在晚年編撰而成的。

六、續傳燈錄

《續傳燈錄》三十六卷，明代僧人居頂編撰。居頂（？～一四〇四），字圓極（一作元極），浙江黃岩人，有《居頂文集》等傳世。《續傳燈錄》編寫於明初洪武年門（一三六八～一三九八），意在續宋代道原編撰的《景德傳燈錄》。自自宋代《嘉泰普燈錄》、《五燈會元》以來，燈錄編寫體例，多在六祖慧能下分出青原、南岳二系，以下再分五宗二派。居頂認為五家宗派互相激揚，其源同出六祖，所以不分五宗分割諸多禪師，而統一標稱「大鑒下」第幾世（大鑒：「慧能的謚號）。這是《續傳燈錄》在編排標稱上的特色。

本書上接《景德傳燈錄》。從大鑒下第十世寫至第二十世（宋、元兩代），目錄中共標人名三千一百一十，正文中收載行狀、語錄者一千二百零三人。其材料多從《五燈會元》、《佛祖慧命》、《禪林僧寶傳》、《禪門宗派圖》等書中採擇。卷次內容安排如下

卷一、二，大鑒下第十世；

卷三——六，大鑒下第十一世；

卷七——十一，大鑒下第十二世；

卷十二——十六，大鑒下第十三世；

卷十七——二十二，大鑒下第十四世；
卷二十三——二十六，大鑒下第十五世；
卷二十七——三十，大鑒下第十六世；
卷三十一——三十三，大鑒下第十七世；
卷三十四——三十六，大鑒下第十八世～二十世。

七、宗鏡錄

《宗鏡錄》，五代時期法眼宗三世禪師延壽編撰（關於延壽，本書正文中已有簡介）。全書共一百卷，分為如下三章——

一、標宗章（第一卷前半部分）。標明全書宗旨，點出書名含義，所謂「舉一心為宗」，「照萬法如鏡」，編錄佛祖古教，闡釋禪門正宗。

二、問答章（從第一卷後半到九十三卷），全書的主體部分，用問答形式論說各類問題。

三、引證章（第第九十四卷到一百卷），引用佛祖、聖賢三百條法語。

延壽編撰《宗鏡錄》的目的，在於糾正當時禪界輕視佛祖教說的傾向。該書中指出：「近代相承，不看古教，唯專己見，不合圓詮。」（卷四十三）又說：「今時學者，全寡見聞，恃我解而不近明師，執己見而罔披寶藏，故茲遍錄，以示後賢，莫踵前非，免有所悔。」（卷六十一）按五代以後的禪宗，逐漸由不立文字轉向大立文字，鼎盛時期的那些呵佛罵祖、否定古教的奇特風標也慢慢地失去充實的蘊涵和新穎的光彩。延壽編集《宗鏡錄》，提倡參禪者研究教典，一方面固然可使禪僧藉此免於空疏，另一方面也不免使禪宗陷入義理知見，難以進一步發揚開拓、創新的精神。

此外，《宗鏡錄》在記述禪宗時，常引用賢首宗（即華嚴宗）以及賢首宗所依據的《華嚴經》的理論教說，這和延壽的師祖、法眼宗的開創者文益重視《華嚴經》理論是一脈相承的。《宗鏡錄》引用華嚴理論，目的在於證成禪宗理義的幽深圓妙，是藉教明宗而非混宗於教，這和禪宗後期，與其他宗派調和混融有所區別。

《宗鏡錄》在刊刻流傳的過程中，曾幾經增刪，今存《宗鏡錄》已非原貌。該書共有八十多萬字，篇幅較大，不便於僧徒習讀。清代雍正皇帝曾讓人「錄其綱骨，刊十存二」，縮編為《宗鏡大綱》，廣為傳布。《宗鏡錄》成書之後，很快傳至高麗國（今朝鮮），對國外佛教產生了一定的影響。

八、碧岩錄（即碧巖錄）

《碧岩錄》（日本大正《大藏經》卷四十八題作《佛果圓悟禪師碧岩錄》）十卷，北宋臨濟宗楊岐派禪師克勤在五代重顯禪師《頌古百則》一書的基礎上，加以點評、闡述而成（關於克勤和重顯，本書正文部分均已有簡介）。當時克勤正主持湖南澧州夾山靈泉禪院。夾山是唐著名禪師善會開闢的道場。善會有「猿抱子歸青嶂裡，鳥銜花落碧岩前」的詩句，膾炙人口，故禪林遂稱夾山為「碧岩」；這是《碧岩錄》書名的來歷。

重顯《頌古百則》一書，記敘公案一百則（以雲門宗公案為重點），在每則公案後用詩句加以評說「頌」）。克勤對《頌古百則》一書很推崇，他在《碧岩錄》中說：「雪竇（按：即重顯）頌一百則公案，一則則焚香拈出，所以大行於世。他更會文章，透得公案，盤礡得熟，方可下筆。」（卷一）又說：「雪竇是作家，於古人難咬難嚼、難透難見、節角淆訛處，頌出教人見，不妨奇特。」（同上）

克勤在《頌古百則》的基礎上，加寫了如下三方面的文字：一、垂示，放在每則公案之前，大抵有概括和引入的作用。二、著語，放在原公案和雪竇頌詩的每一句之下，相當於夾批夾注。三、評唱，分別放在公案後和雪竇頌詩後，對公案和雪竇的「頌古」加以闡釋和評論；放在公案後的文字兼帶說明與公案有關的情況。如此便成《碧岩錄》十卷（每卷十則）。

《碧岩錄》問世之後，禪林褒貶不一。有人對該書評價很高，稱為「宗門第一書」，並有多種模仿該書的作品陸續問世。也有人反對這種舞文弄墨、雕飾辭章的作法，認為有違禪的直指人心宗旨。克勤的弟子宗杲禪師乾脆燒掉了《碧岩錄》的刻板，但並未能阻止該書的流傳。

《碧岩錄》的出現並不是偶然的現象，實際上反映了北宋以後的禪宗逐漸重視古教，重視佛教經典和本宗的歷史文獻，重視從研究文詞義理的傳統方式中去解釋禪意。如此，禪宗就和其它教派縮小了差別，失去了原有的簡潔明快、輕靈透脫的一系列特點。

九、禪宗無門關

《禪宗無門關》，簡稱《無門關》，一卷，南宋禪僧慧開撰（日本大正《大藏經》第四十八卷載，於題下署「參學比丘彌衍宗紹編」）。慧開（一一八三～一二六〇），俗姓梁，字無門，良渚（今浙江餘杭縣西南）人，少年出家，後得法於月林師觀禪師，係楊岐派禪師，住持過多處寺院。南宋理宗皇帝曾召其入宮內問法，賜號佛眼。

《無門關》一書的體例類近於《碧岩錄》，共分四十八則。每一則先舉出「佛祖機緣」（即公案），然後在「無門曰」下用散文評說；最後是「頌曰」，用四句詩（四言、五言、六言或七言）作結。所舉都是比較著名的禪林公案，如「趙州狗子」、「百丈野狐」、「俱胝豎指」、「世尊拈花」等。在第一則「趙州狗子」公案後，慧開有這樣的話：「且道如何是祖師關？只者一個『無』字，乃宗門一關也，遂目之曰《禪宗無門關》。」又慧開在自序中說：「佛語心為宗，無門為法門。」這些都是書題的來歷。

此書寫於南宋紹定元年（一二二八），當年年底便刻印流行，並在次年初獻給理宗皇帝。不久之後，淳祐丙午年（一二四六）便有一位叫安晚居士的又在四十八則以後添上第四十九則。此書卷帙輕簡，每一則的文字也比《碧岩錄》的一則少得多，故爾易於流通。現今有英譯本流行於歐美。

十、禪林僧寶傳，補禪林僧寶傳，南宋元明禪林僧寶傳

《禪林僧寶傳》又簡稱《僧寶傳》，三十卷，北宋僧人惠洪撰。

惠洪（一〇七一～一一二八），一作慧洪，字覺範，自號寂音尊者，江西高安人，曾作縣中小吏，與著名文學家黃庭堅結交。後出家，得法於寶峰克文禪師，為黃龍派創始人慧南禪師的再傳弟子。

《禪林僧寶傳》為傳記體，然與以前僧傳不同；以前僧傳（如《宋高僧傳》）收錄各科僧人，而此書專錄禪師。也與燈錄不同；燈錄（如《景德傳燈錄》）側重記載語言，而此書側重記載行事。共收五代至北宋政和末（一一一八）禪僧八十一人，其中屬青原法系的十一人，曹洞宗十人，臨濟宗十七人，雲宗十五人，法眼宗五人，溈仰宗一人，

黃龍派十五人，楊岐派四人，另有三人法系不明。在記錄生平之後，又用韻文或散文加以評議。所收禪師有些是開創宗派的高僧，其他也是各宗中的特出者。此書撰作於宣和年初（一一一九～一一二〇）。

《禪林僧寶傳》網羅禪林佚聞遺事，融會眾說，自成一家之言，書成後受到禪界重視。雖有部分史料不盡可信，但在禪宗史傳中仍是一部有影響力的重要著作。

《補禪林僧寶傳》一卷，宋代僧人慶老編撰。慶老（？～一一四三）字龜年，號舟峰庵主，曾在大慧宗杲禪師法會中擔任職事僧。該書補寫三人傳記，傳後有贊，撰寫體例與惠洪書相同，文詞典雅，也與惠洪書風格一致，在宋代即附在《禪林僧寶傳》書後流通。

《南宋元明禪林僧寶傳》，多簡稱為《南宋元明僧寶傳》，十五卷，清代僧人自融撰，並由其弟子性磊補輯。自融（一六一五～一六九一），俗姓程，字巨靈，新安（今江蘇省睢寧縣）人，十八歲出家，後得法於臨濟宗師天童道忞。

此書意在續北宋惠洪《禪林僧寶傳》，收南末2建炎元年（一一二七）到清順治四年（一六四七）五百多年間禪僧傳記九十四篇（其中二人合傳、三人合傳各一篇，共九十七人，絕大部分屬臨濟、曹洞兩宗（溈仰、法眼、雲門三宗在元代之前已經絕嗣）。

【附錄三】中國禪宗師承系統簡表

菩提達摩

〈表一〉中國禪宗主要系、宗、派

菩提達摩	？～536	中國禪宗初祖
慧　能	638～713	中國禪宗六祖

懷讓	行思
677～744　南岳系一世	？～740　青原系一世

靈祐	義玄	良价	文偃	文益
771～853	？～867	807～869	864～949	885～958
南岳系四世	南岳系五世	青原系五世	青原系七世	青原系九世
溈仰宗開創者	臨濟宗開創者	曹洞宗開創者	雲門宗開創者	法眼宗開創者

方會	慧南
992～1046	1002～1069
南岳系十二世	南岳系十二世
楊岐派開創者	黃龍派開創者

二祖慧可

〈表二〉東土六代祖師和四、五六祖法嗣

- 菩提達摩（初祖）
  - 慧可（二祖）
    - 僧璨（三祖）
      - 道信（四祖）
        - 弘忍（五祖）
          - 神秀
            - 降魔
              - ⋮ 懶瓚
            - 道樹
              - ⋮ 惟政
            - 智封
          - 慧能（六祖）
            - 本淨
            - 崛多三藏
            - 慧忠
            - 行思（青原系）
            - 神會
            - 懷讓（南岳系）
            - 玄覺
            - 玄策
            - 玄機
          - 慧安
            - 仁儉
            - 元
              - ⋮ 無住
            - 破灶墮
              - 峻極
          - 道明
        - 法融（牛頭宗）
          - 智岩
            - 崇慧
            - 玄素
              - 道欽
                - 道林
            - 玄挺
              - ⋮ 唯則
                - 雲居智

青原行思

〈表三〉青原系

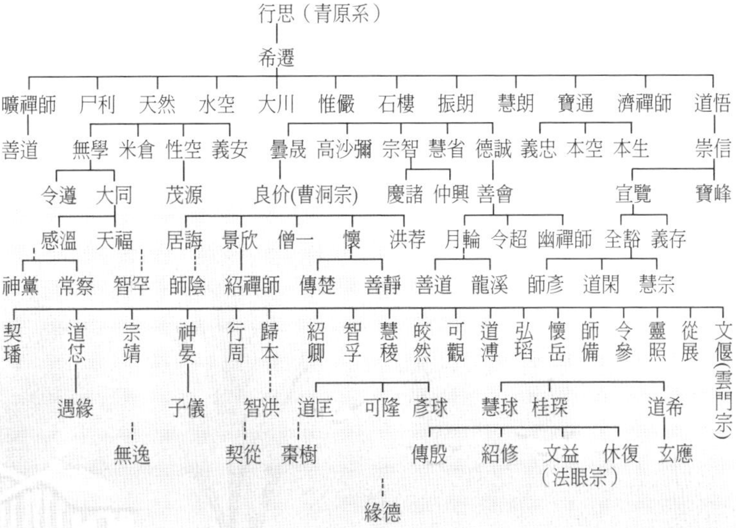
行思（青原系）
希遷
曠禪師 尸利 天然 水空 大川 惟儼 石樓 振朗 慧朗 寶通 濟禪師 道悟
善道 無學 米倉 性空 義安 曇晟 高沙彌 宗智 慧省 德誠 義忠 本空 本生 崇信
令遵 大同 茂源 良价(曹洞宗) 慶諸 仲興 善會 宣覽 寶峰
感溫 天福 居誨 景欣 僧一 懷 洪荐 月輪 令超 幽禪師 全豁 義存
神黨 常察 智罕 師陰 紹禪師 傳楚 善靜 善道 龍溪 師彥 道閑 慧宗
契璠 道忟 宗靖 神晏 行周 歸本 紹卿 智孚 慧稜 皎然 可觀 道溥 弘瑫 懷岳 師備 令參 靈照 從展 文偃(雲門宗)
遇緣 子儀 智洪 道匡 可隆 彥球 慧球 桂琛 道希
無逸 契從 棗樹 傳殷 紹修 文益（法眼宗） 休復 玄應
緣德

南嶽懷讓

〈表四〉南嶽系

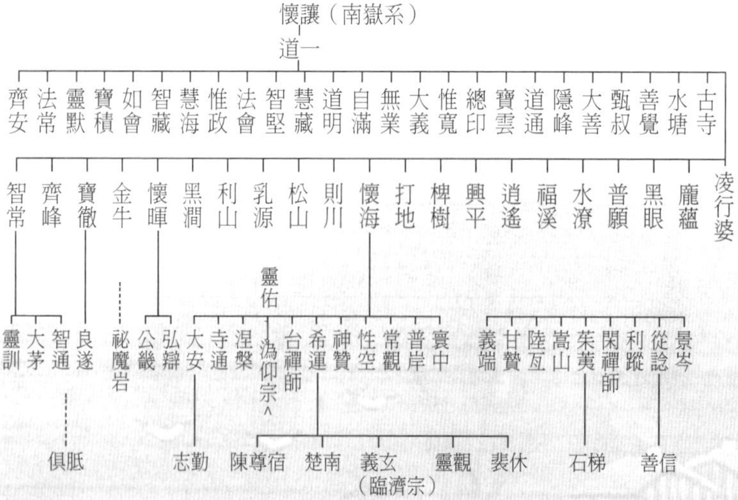
懷讓（南嶽系）
道一
齊安 法常 靈默 寶積 如會 智藏 慧海 惟政 法會 智堅 慧藏 道明 自滿 無業 大義 惟寬 總印 寶雲 道通 隱峰 大善 甄叔 善覺 水塘 古寺
智常 齊峰 寶徹 金牛 懷暉 黑澗 利山 乳源 松山 則川 懷海 打地 椑樹 興平 逍遙 福溪 水潦 普願 黑眼 龐蘊 凌行婆
靈佑
靈訓 大茅 智通 良遂 祕魔岩 公畿 弘辯 大安 寺通 涅槃 〈溈仰宗〉 台禪師 希運 神贊 性空 常觀 普岸 褱中 義端 甘贄 陸亙 嵩山 茱萸 閑禪師 利蹤 從諗 景岑
俱胝 志勤 陳尊宿 楚南 義玄（臨濟宗） 靈觀 裴休 石梯 善信

溈山靈祐

〈表五〉溈仰宗

- 靈祐（溈仰宗）
  - 慧寂
    - 光穆
      - 如寶
        - ⋮ 詞鐸
    - 順支
    - 光湧
      - 全付
      - 慧清
        - 繼徹
        - 法滿
        - 圓禪師
  - 智閑
    - 無染
    - 演教
    - 暉禪師

臨濟義玄

〈表六〉臨濟宗，楊岐派，黃龍派

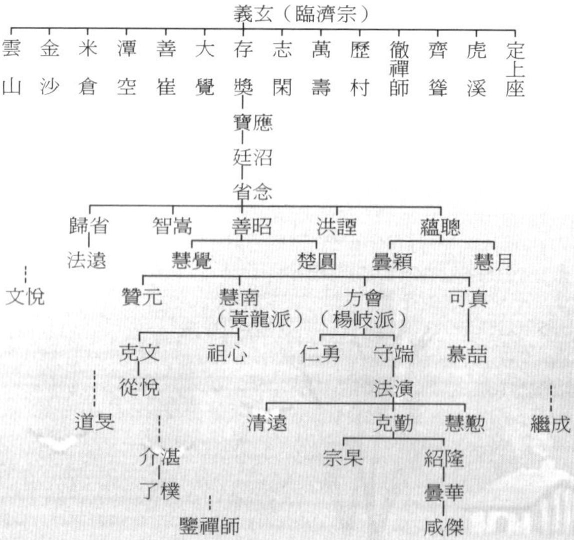

洞山良价

〈表七〉曹洞宗

- 良价（曹洞宗）
  - 休靜
  - 道膺
    - 僧丕
    - 本空
    - 澹權
    - 廣濟
  - 居遁
  - 遁儒
  - 師虔
  - 本寂
    - 道延
    - 光慧
    - 弘通
  - 普滿
  - 通禪師
  - 道全
    - 歸仁
    - 證禪師
    - 蘊禪師
  - 蜆子
  - 道幽
    - 幼璋

- 慧徹
- 緣觀
  - 警玄
    - 義青
      - 道楷
        - 子淳
          - 清了
          - 正覺
            - 慧暉
      - 報恩

雲門文偃

〈表八〉雲門宗

文偃（雲門宗）

深禪師　澄遠　顯鑒　子祥　緣密　守初　竟欽　倫禪師　匡果

羅漢　光祚　勤禪師　師戒　曦朗　欽山主

重顯　智賢

曉舜　承皓　義懷　懷璉　雲知　惟簡　倚遇

法秀　宗本　應夫　重元

善本

道昌

元妙

深禪師

法眼文益

〈表九〉法眼宗

- 文益（法眼宗）
  - 文遂
  - 道欽
  - 慧明
  - 清聳
  - 德韶
    - 遇安
      - 惟素
    - 延壽
      - 嗣元
    - 本先
  - 道潛
  - 智依
  - 泰欽
    - 道齊
  - 玄則
  - 策真
  - 慧圓

國家圖書館出版品預行編目資料

禪趣經典故事集／熊述隆 著 -- 初版 -- 新北市：
新潮社文化事業有限公司，2025.06
面；　公分
ISBN 978-986-316-942-0（平裝）
1.CST：禪宗　2.CST：佛教修持

226.65　　114004315

禪趣經典故事集

熊述隆　著

主　　編　林郁
企　　劃　天蠍座文創製作
出　　版　新潮社文化事業有限公司
電話 02-8666-5711
傳真 02-8666-5833
E-mail：service@xcsbook.com.tw

總 經 銷　創智文化有限公司
新北市土城區忠承路 89 號 6F（永寧科技園區）
電話 02-2268-3489
傳真 02-2269-6560

印前作業　東豪印刷事業有限公司
印刷作業　福霖印刷有限公司

初　　版　2025 年 09 月